UNE
MACÉDOINE.

TOME QUATRIÈME.

DE L'IMPRIMERIE DE J.-B. IMBERT.

UNE MACÉDOINE,

PAR PIGAULT LE BRUN,

MEMBRE DE LA SOCIÉTÉ PHILOTECHNIQUE.

TOME QUATRIÈME.

> Diversité, c'est ma devise.
> LA FONTAINE.

SECONDE ÉDITION.

PARIS,
CHEZ BARBA, Libraire au Palais-Royal,
derrière le Théâtre-Français, n° 51.

1817.

UNE MACÉDOINE.

CHAPITRE PREMIER.

Je la retrouve.

Un bruit soudain me tira de l'espèce da léthargie dans laquelle j'étais tombé. Je crus apercevoir, à travers quelques fentes de ma porte, des traits de lumière, qui disparaissaient pour renaître l'instant d'après. Je me levai précipitamment, au cri de mes verroux, inquiet et impatient de savoir ce qu'on me voulait à cette heure.

Ma porte s'ouvre. La cour, cette cour

triste et fangeuse est éclairée par cent flambeaux. Tout le village est rassemblé. Est-ce un *auto-da-fé* qu'on prépare?... Non, les paysans s'empressent, m'approchent. La bienveillance et la timidité sont peintes sur ces figures, si menaçantes huit ou dix heures auparavant.

Mes yeux percent la foule, et s'arrêtent sur un groupe de femmes : dans toutes les circonstances de ma vie, ce sexe a été l'objet de ma première attention, de mes hommages, de mon culte. Parmi ces paysannes, je distingue plusieurs dames qui cherchent à pénétrer jusqu'à moi. La multitude, toujours croissante, s'ouvre devant elles avec des marques de respect. Une d'elles s'élance dans mon colombier : « Les cruels! comme ils l'ont » traitée! » Je reconnais la voix de Sophie!

Je la vois, je lui parle, je la presse

sur mon cœur. Toutes mes alarmes sont dissipées; j'ai oublié la nuit de douleur, qui s'est si lentement écoulée; je renais au bonheur.

Monsieur le maire vient me faire de très-humbles excuses : j'ai bien le temps d'écouter ses sornettes! Il me prie d'observer que les apparences étaient contre moi : il n'y a que les sots pour qui apparence et conviction soient la même chose.

Ah! voilà madame d'Elmont………
J'aurais dû la reconnaître plus tôt, mais la mère d'une fille charmante joue toujours un rôle subordonné, quelqu'aimable qu'elle soit, quelques égards qu'on lui marque. Tout est amour pour sa fille; tout pour elle est complaisance. On endort cerbère avec de petits gâteaux, et les mamans avec de petits soins.

Je vais à madame d'Elmont, je la salue, je l'embrasse… Qui donc veut-elle me présenter?... Hé! c'est ce faquin de maître d'hôtel, confus, repentant, qui veut aussi me haranguer. Au fond, cet homme s'est conduit en domestique vigilant, zélé. Il faut le rassurer, le rendre à lui-même.

Que viens-je donc de lui dire? Je n'en sais rien. Mais un murmure général d'approbation s'élève autour de moi, et cela fait toujours plaisir.

Oh! encore des harangueurs! Ce sont mes deux gendarmes. « Messieurs, » vous ne savez pas que j'ai plus be- » soin de repos que de complimens; » abrégeons, s'il vous plaît. Tout le » monde a fait son devoir; je n'ai pas » d'humeur; je suis très-sensible à » vos excuses; mais je veux sortir » d'ici. »

Sophie me prend une main, j'offre un bras à madame d'Elmont. Tout le village nous suit en criant : *Vive monseigneur!* Pour me débarrasser de ce cortége incommode, je fais circuler ce qui reste d'espèces dans les goussets de Soulanges. Les acclamations augmentent. On nous accompagne jusqu'à la grille du château : on va y entrer avec nous. « Oh! ma foi, mes amis, vous » n'irez pas plus loin. Je crois qu'à six » heures du matin on peut se souhaiter » le bonsoir. » Je ferme la grille après moi, je suis tout à Sophie.

A quoi comparer ce peuple, qui eût crié hier *bravo* si on m'eût crucifié, et qui ce matin crie vive monseigneur? Le peuple est une boule toujours prête à rouler dans tous les sens.

Sophie n'a pas soupé; j'ai fait un fort mauvais dîner, et monsieur le maître d'hôtel nous engage à nous restaurer un peu. Il a raison. Je prévois d'ailleurs que bientôt il faudra nous séparer, et je suis si bien auprès d'elle! « Sophie, » quelques momens encore à l'amour. » Passons-les à table, puisqu'il faut se

» borner à cela. — Oh! bien certaine-
» ment il le faut. N'est-il pas vrai,
» maman? » Voilà maman établie mon
médecin consultant....... Je mettrai sa
vigilance en défaut.

Ce bon maître d'hôtel ! comme il s'efforce de me faire oublier sa bévue! il me sert, il coupe mes morceaux ; il mangerait avec moi, si la chose était possible. Comment mangerais-je? Je la vois, je suis assis près d'elle, près d'elle, que j'ai cru avoir perdue. Je puise dans ses yeux charmans une sève que ne peuvent communiquer les mets les plus exquis, le chambertin le plus délicat.

« Mon gendre, permettez que je me
» place entre vous deux. » Le docteur a raison, et j'ai tort de dédaigner ce que m'offre monsieur le maître d'hôtel. Pour aimer il faut vivre, et pour vivre il faut manger. Rien de simple et de vrai comme cela.

« Chère Sophie, ce repas est délicieux,
» après les angoisses cruelles qui l'ont
» précédé. — Mon ami, nous en avons
» tous éprouvé. — Et vous aussi, femme
» charmante ! — J'ai cru que ma fille
» perdrait la raison, quand Soulanges
» est venu savoir si vous aviez paru à
» l'hôtel. — Soulanges m'a cherché ? —
» Partout où il a présumé que vous
» pouviez être. — Ce bon Soulanges ! Et
» comment a-t-il fait pour sortir de chez
» moi ?

» — Vous sentez quel a été son éton-
» nement, lorsqu'à son réveil il ne vous
» a pas trouvé dans votre lit. Il s'est levé,
» il a fait dans l'appartement la plus
» exacte perquisition ; plus de Franche-
» ville, plus de clefs sous le chevet de
» Soulanges. Il était facile de juger que
» vous étiez sorti par la porte, ainsi plus
» d'inquiétude sur les suites d'un saut
» par la fenêtre.

» Soulanges a appelé George, et

» George est demeuré stupéfait en re-
» connaissant la voix d'un homme qu'il
» croyait loin de l'hôtel. Tous deux
» ont approché l'oreille du trou de la
» serrure ; ils se sont expliqués, et vous
» êtes demeuré convaincu d'avoir pris
» les vêtemens de votre ami, de vous
» être donné pour lui de chambre en
» chambre, et d'avoir ainsi gagné la
» rue.

» Cependant Soulanges et George
» étaient enfermés chacun de leur côté.
» Philippe, que George a appelé, l'était
» du sien. Il fallait briser les portes, ou
» les faire ouvrir par un serrurier. Sou-
» langes, qui aime les moyens doux, s'est
» décidé pour le second parti.

» Mais qui pouvait aller chercher le
» serrurier?........ Écoutez-moi donc,
» monsieur ; vous avez toute la vie
» pour regarder ma fille et lui sou-
» rire. — J'y suis, madame, j'y suis.
» — Le suisse seul était libre d'entrer

» et de sortir. Mais le bonhomme, à
» qui le prétendu Soulanges avait dit en
» sortant qu'il allait revenir, s'était
» amusé avec sa bouteille, moyen cer-
» tain pour un suisse d'abréger le temps.
» Il avait fini par s'endormir, et dormait
» si bien, que les cris de Soulanges, de
» George et de Philippe n'ont pu le
» réveiller.

» La patience a ses bornes, comme
» toutes les vertus. Soulanges fait passer
» le mot d'ordre à George, qui le rend à
» Philippe, et ce mot le voici : jetez par
» la fenêtre tout ce qui peut faire du
» bruit sur le pavé.

» — Ah! mon Dieu, mes services de
» porcelaine!..... le poêle démonté par
» parties.... — Tout est brisé! — Tout.
» — Il valait mieux cent fois enfoncer
» les portes. — Ah! médite-t-on?
» calcule-t-on, quand on est inquiet
» sur le sort d'un homme comme
» vous? Philippe, moins éloigné que

» les autres de la loge du suisse, pou-
» vait plus aisément se faire entendre, et
» il a exécuté l'ordre avec une exactitude
» digne d'éloge.

» Le suisse bâille enfin ; il étend
» les bras, et parvient à se mettre sur
» ses jambes. Le bruit des assiettes,
» des terrines, qui volent en éclats,
» l'attirent dans la cour. Il s'imagine que
» vous soutenez un siége, et il prend
» son sabre, non pour venir vous dé-
» fendre, mais pour aller, avec sûreté
» de sa personne, chercher du renfort
» aux écuries, et dans les dessus des
» remises.

» Le cocher et les autres domesti-
» ques arrivent, l'un en caleçon, l'autre
» en chemise ; celui-ci a passé un bas et
» a oublié ses souliers, celui-là pour tout
» vêtement n'a que son chapeau. Ils ont
» pour armes défensives des fourches,
» des balais; des vans leur servent de
» boucliers. Ils marchent en ligne ; ils

» arrivent dans la cour d'entrée, et
» trouvent pour ennemis Soulanges,
» George et Philippe appuyés chacun
» sur leur croisée et riant aux éclats.

» La montagne en travail enfante une
» souris : les exploits de vos gens se sont
» bornés à faire lever une heure plus tôt
» que de coutume un pauve serrurier,
» qui n'était pour rien dans l'escapade
» de leur maître.

» Soulanges a parlé; le carrosse est
» prêt. Il se gardera bien d'envoyer
» prendre des habits chez lui : il sait
» qu'avec vous il n'y a pas une minute
» à perdre. Il passe votre robe de cham-
» bre, un pantalon, des pantoufles, et
» il vient nous éveiller dans ce burlesque
» équipage.

» Un sourire de satisfaction a brillé
» sur la figure de ma fille, quand elle a
» appris votre évasion. Elle l'attribuait
» à l'amour, à l'empressement de vous
» réunir à elle; mais quand elle a su

» que Soulanges avait été déjà dans deux
» ou trois maisons, où on n'avait rien pu
» lui apprendre de vous, l'inquiétude
» a commencé à naître; la réflexion a
» produit les alarmes; un nouveau duel,
» un assassinat nocturne pouvaient vous
» avoir ravi sans retour à sa tendresse.
» Bientôt la tête s'est perdue au point
» de vouloir aller elle-même vous cher-
» cher chez toutes les personnes que
» vous connaissez. La berline nous
» attendait depuis long-temps; Sou-
» langes nous engageait à partir; il lui
» promettait de continuer ses recher-
» ches; elle ne voulait s'en rapporter
» qu'à elle du soin de retrouver son
» époux...... Oui, embrassez-la, elle le
» mérite : jamais on n'a aimé comme
» elle. Mais venez vous remettre à votre
» place.

» La plus grande partie de la journée
» s'est écoulée en plaintes, en pleurs
» d'une part, en consolations de l'autre.

» Enfin, sur les quatre heures du soir,
» Soulanges a reparu dans ses habits
» ordinaires. Il tenait une lettre à la
» main : c'est celle que vous avez écrite
» de la Ferté. Le calme a reparu sur
» toutes les figures ; la joie est rentrée
» dans tous les cœurs. Ma fille a sauté
» les escaliers, pour être plus tôt dans
» la berline, derrière laquelle George
» et Philippe attachaient votre malle.
» Nous partons.

» Elle ne cessait de presser les pos-
» tillons, de répéter : courir la poste la
» nuit, dans l'état de faiblesse où il est
» encore ! Combien il mérite d'être
» aimé ! »

Je me levai, hors de moi, je n'écou-
tai plus madame d'Elmont. J'embrassai
Sophie, je l'embrassai encore, oh !
comme je l'embrassai ! je lui devais
une expiation de mes torts, et je reve-
nais dans ces embrassemens du trouble
où m'avaient jeté sa bonne foi, sa

confiance. Chère, adorable Sophie, tu es loin de soupçonner.... Soulanges m'a sans doute été chercher rue Saint-Antoine, et n'a pas nommé la séductrice.... Oublions à jamais cette nuit et Fanchette.... Voilà dix fois que je veux oublier tout ce qui n'est pas Sophie, et ma mémoire, mon imagination, cruellement fidèles et ardentes, me retracent sans relâche.... Tout souvenir étranger à Sophie va disparaître devant elle. Ses yeux, ses mains, ses lèvres, tout en elle est expressif et caressant. Elle attire mon cœur, elle le fixe, elle l'enchaîne, il bat contre le sien. Il n'est plus pour moi qu'une femme dans l'univers, et je suis auprès d'elle.

« Vous oubliez, mon gendre, que le
» mois n'est pas expiré. — Ah! maman,
» il y a si long-temps que je l'ai vu! —
» Ma fille, cet air suppliant ne me dé-
» sarmera point. Revenez ici, mon-
» sieur.... Oh! comme il me regarde!

» Vous ne réussirez pas plus que So-
» phie : je suis inexorable. Mettez-vous
» là, et écoutez la fin de mon histoire.
» On aime à conter à mon âge, et on
» sait bon gré à son auditoire de vouloir
» bien être attentif. »

Elle me peint l'étonnement de Sophie, qui ne me voit point à son arrivée au château. Elle m'attendait à la portière de la berline; elle me cherche des yeux dans la cour, sous le vestibule. Elle descend de voiture, elle court, elle va de chambre en chambre. Ses domestiques peuvent à peine la suivre. La rapidité de sa course éteint la moitié des flambeaux.

« Où donc est-il ? s'écrie-t-elle enfin.
» — Qui, madame ? — Monsieur de
» Francheville. — Quoi ! madame, c'est
» vraiment lui qui est arrivé aujour-
» d'hui ! — Hé, sans doute. Où est-il ?
» — Malheureux, qu'ai-je fait ! Je suis
» perdu. — Qu'y a-t-il donc ? Vous m'a-

» larmez. — Madame, je n'ose vous le
» dire. — Vous me faites mourir. Parlez
» donc, cruel homme. — Hé bien, ma-
» dame, monsieur est.... il est.... — Où?
» — En prison. — En prison ! en prison,
» dites-vous ! et qui l'a fait mettre là ?
» — Hélas, c'est moi, madame. Pardon-
» nez moi, pardonnez-moi....

» En un instant le château est boule-
» versé. On court, on s'appelle, on se
» presse, on ne peut arriver assez tôt
» chez le maire. Les reproches de ma
» fille, les excuses du maître-d'hôtel,
» les murmures, les réflexions des va-
» lets, des jardiniers, l'éclat de dix flam-
» beaux éveillent les gens du village, à
» mesure que nous le traversons. Ils
» sortent, vêtus à peu près comme
» vos gens, armés à la hâte pour votre
» défense. Nous arrivons chez le maire;
» il nous conduit à votre colombier;
» vous savez le reste. Mais vous oubliez,
» et moi aussi, qu'il est sept heures

» du matin, que nous avons passé la nuit
» en voiture, vous sur la paille, et qu'il
» est temps de nous mettre au lit.

» — Hé, madame, je ne demande
» que cela. » Je prends la main de Sophie ; elle se lève, elle me devine, elle sourit ; elle s'appuie mollement sur mon bras ; elle me suit.

» Ah ! ah ! je croyais n'en avoir qu'un
» à garder, et je vois qu'il en faut sur-
» veiller deux. Arrêtez-vous, s'il vous
» plaît : Justine, faites conduire mon-
» sieur à son appartement.—Madame...
» madame.... — Hé bien, qu'est-ce ?
» — Vous m'avez en effet donné des
» ordres ; mais j'ai osé prendre sur moi
» de ne pas les exécuter. — Et la raison,
» mademoiselle ? — Comment séparer
» un si joli couple, qui s'aime si ten-
» drement ! Madame et monsieur pa-
» raissent avoir tant de choses à se dire !
» — Vous êtes connaisseuse ; mais je
» prie de garder pour vous vos obser-

» vations, et de vous souvenir qu'une
» obéissance passive est le premier de
» vos devoirs. Allez faire ce que je vous ai
» ordonné.

» — Vous la grondez, maman? — Et
» j'ai tort, n'est-il pas vrai? — Mais je
» crois presque qu'oui. — Sois raison-
» nable, ma Sophie, sois-le pour Fran-
» cheville et pour toi. Laissez-là donc,
» monsieur, et suivez-moi : j'ai à vous
» parler d'affaires importantes. »

On ne résiste pas à une maman ai-mable, quelque fâcheuse qu'elle soit d'ailleurs : je suivis madame d'Elmont.

Elle me conduit à son appartement, et les affaires dont elle veut m'entretenir se bornent à des remontrances très-raisonnables, très-prudentes sur la nécessité de me ménager encore. Les gens froids sont insupportables : ils jugent le genre humain d'après eux.

Madame d'Elmont termine un assez long discours, que j'ai écouté avec beaucoup de docilité, en m'annonçant la résolution irrévocable de coucher dans l'appartement de sa fille, jusqu'à ce que le mois soit révolu.

A-t-on jamais rien imaginé de plus perfide?... J'allais répondre par cent argumens d'une force irrésistible.... Elle sort tout à coup, donne deux tours à la serrure, et emporte la clef.

Je suis donc destiné à passer d'une prison dans une autre ! Je frappe du pied, je crie un peu, je me calme bientôt. Je sens intérieurement que des trois, le plus sage est madame d'Elmont, et que je n'ai rien de mieux à faire que de dormir sept à huit heures. Je me résigne ; je me mets au lit.... mais au réveil nous verrons. Il y a des jardins ici, des bosquets; peut-être quelque temple, quelques ruines.

Oh! comme je dormais, lorsqu'une petite main m'éveilla, en allant et venant légèrement sur ma couverture !

« Qui est là ? — C'est moi, monsieur.
» — Ah ! c'est Justine. Et par où êtes-
» vous entrée ici ?— Toutes les portes
» ont deux clefs, et il faut bien que
» les domestiques en aient une : si
» on se trouvait incommodé la nuit,
» qu'on sonnât.... — Voilà qui est très-
» bien vu. Mais que me voulez-vous,
» Justine ? — Il y a six heures que mon-
» sieur dort, et madame aussi. J'ai
» pensé qu'ils ne seraient pas fâchés de
» se donner le bonjour sans témoins.
» — Oh ! tu es une fille charmante,
» accomplie !... Mais madame d'El-
» mont ? — Elle a pris la chambre à
» coucher de madame de Francheville ;
» sa fille s'est contentée de mon cabinet,
» et j'ai aussi la clef d'une seconde porte
» qui donne sur un escalier dérobé. —
» Ma chère amie, il est impossible d'a-
» voir plus de pénétration, d'intelli-
» gence, et de rendre un service plus
» à propos. — Madame d'Elmont s'i-

» magine que tout le monde doit être
» aussi calme qu'elle et ses quarante
» ans. — Je ne te soupçonne pas ce
» défaut-là, Justine. — Ma foi, mon-
» sieur, le plaisir fait oublier le défaut
» de fortune. — Voilà en quatre mots
» tout un traité de philosophie. — Tour-
» nez-vous donc un peu, monsieur.
» — Tu as peur ? — Non, mais la dé-
» cence.... — Tu as raison, tu as raison.
» Donne-moi cette culotte. — Monsieur
» n'en a pas besoin. — Tu as encore
» raison. Passe-moi cette robe de
» chambre — Mais, monsieur, vous
» me faites faire des choses.... — Et
» tu fais tout à merveilles. Marchons,
» Justine.

» J'espère que nous ne rencontrerons
» personne. — Et qu'aurait-on à dire ?
» Monsieur passe chez madame : quoi
» de simple comme cela ? Madame d'El-
» mont croit monsieur malade ; mon-
» sieur croit qu'il se porte bien ; aucun

» domestique ne s'ingérera de prendre
» parti pour ou contre. — Tu as de l'ex-
» périence. — Comme une veuve, mon-
» sieur. Mais taisons-nous; voilà le petit
» escalier. »

Avec quelle adresse elle ouvre et referme cette porte!...... Je m'approche d'un petit lit bien blanc..... Le sommeil l'embellit encore. Tout est charmes sur sa figure; tout est volupté dans son attitude. Comme ce bras s'arrondit sous cette tête divine! Comme ce sein se dessine, se détache et se soutient! Pas de lacet, pas un ruban : c'est du marbre que couronne un bouton de rose.......... Heureux, trop heureux mortel, tout cela est à toi!

Assurons-nous que rien ne troublera les délicieux mystères. Je mets les loquets partout. Madame d'Elmont aura le grand escalier à sa disposition.

Encore un lit étroit, mais étroit!..... Il n'y a pas d'inconvénient qui ne présente quelqu'avantage à qui sait tirer parti de tout. Ses yeux charmans s'ouvrent, me fixent. Son cœur palpite de plaisir..... « C'est toi, c'est toi ! Oh ! je » savais bien que tu tromperais la sur- » veillance de maman....... » Voilà tout ce qu'elle peut dire.

Heureux qui dans le secret et le silence dépouille la pudeur de son voile ! malheur à qui ne s'empresse de le laisser retomber devant un œil curieux ou indiscret ! Lecteur, je ne vous dirai rien de plus.

Aux transports les plus doux avait succédé un sommeil paisible. Pressés, enlacés l'un dans l'autre, nous n'avions plus qu'une âme et qu'un cœur. Les songes rians effeuillaient sur nous le pavot et la rose..... Qui vient nous arracher à ce calme délectable, qu'on goûte si parfaitement, et qu'on ne peut décrire ? On frappe à la porte du cabinet. « Sophie, ma fille ! — Maman ? — Cet

» homme-là a perdu la raison et nous la
» fera perdre à tous. — Qui, maman?
» —Francheville. — Qu'a-t-il donc fait?
» — Il est reparti. — Je ne le crois pas,
» maman. — Il n'est pas chez lui, et
» aucun des domestiques ne l'a vu. — Il
» est sans doute allé prendre l'air dans
» le parc. — Non, les domestiques ont
» trouvé en bas toutes les portes fermées.
» Mais ouvrez-moi donc. Je n'aime pas
» à causer à travers une cloison. —
» Maman, je ne suis pas levée. — Pour-
» quoi donc vous enfermer ainsi? Si vous
» aviez eu besoin de quelque chose, par
» où serait-on entré dans ce cabinet?
» — Oh! j'ai ici tout ce qu'il me faut. »
Et à chacune de ses réponses, elle me
faisait une petite mine si drôle, et
chaque mine provoquait, amenait un
baiser si doucement, si doucement pris
et rendu!

« Sophie, il est trois heures : je vais
» vous envoyer Justine. — Maman, je

» n'ai besoin de personne. Une mine plus comique que les autres me fit perdre mon sérieux. Un éclat de rire, que je ne retins qu'à demi, trahit tous nos secrets.

« Cela est affreux, Sophie, cela est
» impardonnable ! vous perdrez cet
» homme-là. Vous êtes devenue inca-
» pable de réfléchir, de rien prévoir ;
» vous ne pensez pas même au rôle très-
» inconvenant que vous me faites jouer
» dans ce moment-ci. — Oh ! pardon,
» pardon, ma bonne maman ! — Votre
» bonne maman vous abandonne à vous-
» même, puisque ses représentations
» et ses soins sont tout-à-fait inu-
» tiles.

» Mon ami, maman est fâchée. —
» Mon ange, il faut faire notre paix. —
» Oui, levons-nous. Mais dis-moi donc
» comment tu es entré ici ? »

Je lui contai tout, et il fut arrêté que nous ne dirions pas un mot de Justine, qui eût pu souffrir de l'humeur de madame d'Elmont.

L'aimable maman nous reçut au salon avec un air froid et même un peu sévère. Je l'embrassai; je lui adressai de ces choses flatteuses, qui coûtent si peu à dire quand elles sont inspirées; et que ne m'inspire-t-elle pas ! elle est la mère de Sophie.

Sophie la cajola, la caressa de son côté; et sa figure s'épanouit peu à peu. Elle voyait sur les nôtres l'expression de l'amour le plus tendre, du bonheur le plus parfait; et quelle femme peut bouder à l'aspect de l'amour heureux !

Nous déjeunâmes. L'appétit, la cordialité, la franchise, égayèrent le repas. Il fallut cependant écouter quelques remontrances, qu'un ton affectueux rendait très-supportables, et dont la conclusion nous plut infiniment. Madame d'Elmont termina en disant que, puisque l'amour déjoue tous les plans qu'on lui oppose, c'est à l'amour lui-même qu'elle me confiait; que désormais Sophie me rendrait sage, puisqu'elle aimait assez pour l'être elle-même.... si elle sentait la nécessité de le vouloir.

Je ne m'étais jamais douté qu'une réserve absolue pût naître d'un amour extrême. Je ne croyais pas que l'amour heureux pût s'arrêter au gré de la raison; mais j'étais fort aise que madame d'Elmont pensât tout cela, et qu'elle supposât que, par vanité ou par délicatesse, Sophie justifierait sa confiance.

L'architecte et le peintre décorateur arrivèrent. Sophie leur développa ses vues avec un goût et une clarté qui m'étonnèrent. Il y avait dans son appartement quelques bonnes vierges et quelques tristes saints; dans son boudoir, un oratoire bien noir et bien dur, qu'elle avait fait placer là lorsque son cœur balançait entre le Créateur et la créature. Elle prononça que Vénus remplacerait Marie, Adonis St.-Jean-Baptiste, et un lit de repos l'oratoire. Elle envoya dans les combles quelques livres très-édifians et très-ennuyeux. Elle me pria de lui composer une bibliothèque. Suppôt de Satan, je suis certain que mon maître ne choisirait pas mieux que moi. Misérable que je suis ! quelle âme j'enlève à Dieu.

Nous ne nous quittons plus. Toujours appuyée sur mon bras, toujours charmante, toujours heureuse, elle me promène de chambre en chambre. Elle a pris un ton caressant qu'elle conserve avec tout le monde. Ces messieurs paraissent enchantés de travailler pour elle, et afin de lui consacrer plus long-temps leurs talens, ils lui proposent de changer toute la distribution intérieure. Je ramène cette belle chaleur à de justes bornes. Ai-je besoin des arts pour faire un palais du lieu que j'habite avec Sophie ?

Nous nous enfonçons dans un parc assez mal tenu. Elle en veut faire un jardin anglais. « Oh! laisse-nous cette
» nature agreste. Qu'on arrache l'ortie
» et le houx : ces plantes seules sont
» ennemies des amours.

» Vois, Sophie, ces touffes de lilas
» chargés de fleurs. Il faut se baisser
» pour pénétrer dans leur enceinte.
» Mais on y trouve un tapis de mousse;
» on y respire une odeur qui dispose au
» plaisir. On y est seul, tout à soi,
» ignoré du monde entier.

» Et ce rocher couronné de fleurs
» champêtres ! il cache une grotte de
» laquelle s'échappe une source qui
» s'égare en serpentant à travers ces
» arbres que l'art n'a point mutilés.
» C'est dans cette grotte que nous li-
» rons *La Fare* et *Chaulieu*. Chantres
» de l'amour, ils n'ont pourtant rien à

» nous apprendre. Mais nous redirons
» après eux ces hymnes inspirées par le
» Dieu que nous adorons.

» Suivons ce ruisseau dans ses si-
» nuosités. Toujours clair, toujours
» tranquille, il est l'image d'un cœur
» jouissant d'un jour fortuné, qui sera
» suivi d'un jour semblable. Oh ! cueille-
» moi cette modeste et odorante vio-
» lette, qui se cache sur cette rive. Je
» vais te cueillir cette rose superbe ; je
» la placerai dans ton corset, et il y en
» aura trois.

» Asseyons-nous sur l'herbe fine.
» Regardons couler l'eau. Mets ta main
» dans la mienne, et rêvons amour et
» bonheur.

» Comme tu me regardes ! — Et toi ?
» — Ne parlons plus, Sophie. Tu ne
» me diras jamais ce que disent tes
» yeux........

» Vois ces linots. Ils ne parlent pas ;
» ils font mieux : ils aiment. Ils ont

» comme nous le baiser, première fa-
» veur de l'amour, complément déli-
» cieux de la dernière.

» As-tu vu ces poissons? Ils te fuient,
» parce qu'ils ne te connaissent pas.
» Tous les jours tu leur apporteras
» quelque chose, et bientôt ils vien-
» dront au-devant de la main charmante
» qui se sera occupée d'eux.

» Que tout ici te voit belle, comme
» je te vois; aimante comme tu l'es;
» que tout ici t'aime comme ton amant,
» et que lui seul occupe à jamais ton
» cœur.

» Tu me réponds par un baiser !
» Baiser d'amour porte avec lui serment
» d'aimer toute la vie.

» — Oui, ma vie entière est à toi :
» te la consacrer, c'est la vouer au bon-
» heur. — Ah ! Sophie, lorsque tous
» ici me croient le titre que j'ambition-
» ne; lorsque tu m'établis dans tous les
» droits qui y sont attachés; lorsque

» j'en suis digne, s'il doit être le prix
» d'un amour inextinguible, pourquoi
» me le refuser ? — Barbare, tu m'é-
» veilles ? Je rêvais l'homme charmant,
» amoureux et fidèle ; et tu me montres
» le mari ! »

Elle se lève, je la suis. Je reprends sa main ; je la passe à mon bras. Je reparle amour, elle écoute ; je lui donne un baiser, elle sourit.

Nous parcourons tout le parc ; nous nous arrêtons par-tout ; par-tout nous trouvons un temple, nous marquons un autel. Parc solitaire et silencieux, chacune de tes retraites sera consacrée par un sacrifice.

La cloche nous rappelle. Il faut s'éloigner de la nature, et rentrer dans un château !..... Un château ne vaut-il pas un parc pour qui y rentre avec son cœur.

CHAPITRE II.

Les Visites.

VISITES. Usage généralement adopté, je ne sais pourquoi. Temps perdu pour ceux qui les font et les reçoivent. Ennui et souvent dégoût pour les uns et les autres. Des visites ici! Au village, comme à la ville, on ne peut donc vivre pour soi ! Plus on est élevé, plus on est dépendant des convenances, de l'étiquette. La nature et l'amour; je ne connais, je ne veux connaître que cela.

Je ne brusquerai pas cependant ceux que madame d'Elmont a accueillis, qu'elle a retenus à dîner. Je les examinerai, et je m'amuserai peut-être de leur originalité.

Il semble vraiment que les Parisiens

seuls soient sans ridicules : en supposer aux autres, et s'en croire exempts, est le premier de tous. Jugeons ces gens-ci sans prévention.

Voilà le propriétaire d'un bien de huit à dix mille francs de revenu. Il arrondit les épaules, s'écoute parler, et parle comme un cuistre. Il dit pesamment à Sophie qu'une femme charmante est un effet de commerce qui doit circuler pendant le jour, et que le mari est trop heureux de retrouver le soir. En conséquence de ce raisonnement, il se place à côté d'elle. Celui-là ne dînera pas souvent au château.

Le curé se félicite de notre retour aux champs. Il espère reprendre avec madame ces conférences si utiles à une âme pieuse. Il lui présente le dernier mandement de Monseigneur, et s'assied aussi auprès d'elle. Ma femme n'est plus accessible pour moi. Elle me regarde en souriant.......... Elle n'a pas d'humeur! Elle se trouve donc bien entre ce curé et ce gros campagnard. Imbécille que je suis! je sens que je fais la mine, et elle me sourit, parce qu'elle sait que mon sourire répond toujours au sien.

Sourions, soyons gai. Quelques heures de contrainte tourneront au profit de l'amour.

J'ai vis-à-vis de moi un monsieur qui se hâte de m'apprendre qu'en cherchant à doubler les produits de sa terre, il en a mangé la moitié. Il ne se décourage point; il est sûr de tirer de la soie de l'ortie, et du coton des toiles d'araignées. En conséquence, il n'a semé cette année que de l'ortie, et il ne s'occupe que de la multiplication des araignées. Il achète toutes celles qu'on lui apporte, et il a déjà cinq cents livres de miel pour attirer les mouches que mangeront ses fileuses.

A ma droite est une dame qui fait

des bourses très-jolies, et qui laisse le soin de son linge à une servante qui n'y touche jamais. Elle la chasserait, si monsieur ne trouvait que personne ne fait le bœuf à la mode comme Ursule. Je remarque que la dame est louche, qu'elle a une épaule un peu élevée, et la poitrine rentrante. Ursule pourrait bien savoir faire autre chose qu'un bœuf à la mode.

A ma gauche est une petite mère qui a le malheur d'avoir un fils, qui, à cinq ans, ne s'occupe que du jeu. Elle prévoit que ce sera un très-mauvais sujet, et c'est bien malgré elle qu'elle le met en pénitence tous les jours. Très-heureusement elle a un petit chien très-joli, très-caressant : aussi ne mange-t-il que des gimblettes, et il couche avec elle ; ce qui fait que monsieur n'y couche plus.

Près de madame d'Elmont est une autre dame qui appelle son mari, *mon cœur;* qui tient une maison *conséquente*, et qui ne manque jamais de dire : *malgré que*, et *ce n'est pas qu'à lui* que telle chose arrive. Les femmes de village qui veulent donner une certaine idée de leur érudition, affectent de parler comme le journal du département.

On pouvait sans prévention s'amuser un peu de tout cela, à l'exception pourtant de la dame au petit chien. Je n'ai jamais pu supporter l'oppression, et je crois que l'enfant de cinq ans est opprimé. Pauvre enfant ! quel père a-t-il donc ?

J'affectai de ne pas dire un mot à cette femme. Je fis tomber la conversation sur les objets qui pouvaient intéresser nos autres convives, et bientôt tout le monde parla à la fois. Chacun montait insensiblement le ton pour couvrir la voix de son voisin, et le vacarme fut porté au point qu'il n'était plus possible de saisir un mot. Je riais de bon cœur, en pensant qu'à la fin de cette inintelligible conversation, je serais au même point qu'en sortant de ces beaux cercles où on croit avoir entendu de très-jolies choses, et dont on n'emporte pas une idée.

Sophie porte involontairement un doigt à ses oreilles, et le plus profond silence règne aussitôt dans la salle. Bonnes gens, qui parlent quand on le veut, qui se taisent au premier signe, et qui ne se doutent pas que leur aveugle déférence s'adresse au château, aux équipages, aux diamans et au cuisinier ! Dépouillez le propriétaire, ils prendront le ton familier et protecteur.

Le curé saisit habilement ce moment de calme pour parler des pauvres de la paroisse. « Bravo ! lui dis-je, monsieur » le curé. Tous les temps et tous les » lieux sont propres à une bonne ac-» tion. Madame de Francheville voudra

» bien faire la recette, n'est-il pas vrai,
» mon aimable amie ? » Je n'avais pas
fini, qu'elle était debout. Une jolie quêteuse fait toujours bien les affaires des pauvres en pareille circonstance. Les uns donnent pour lui être agréables; les autres par ostentation; ceux-là, par humanité; ceux-ci, parce qu'ils n'osent refuser. Tout le monde a donné, et qu'importe à la famille qui met le pot-au-feu les motifs qui le lui ont procuré !

Monsieur le curé met l'argent dans sa poche, nous remercie par une inclination circulaire, et nous entretient des réparations à faire à l'église. J'examine nos convives, et je trouve l'inquiétude dans tous les yeux. On tremble que je propose de rebâtir l'édifice, et on se dit peut-être intérieurement qu'on a déjà payé son dîner assez cher. Il faut rassurer ces gens-là. « Monsieur
» le curé, le temple le plus agréable à
» la Divinité est un cœur pur, fervent

» et soumis, et il ne faut pas d'argent
» pour ouvrir ces temples-là. »

Cette opinion est la plus damnable de toutes ; car, où il n'y a pas d'église, il n'y a pas de clergé. Le curé se pince les lèvres et n'insiste point : un seigneur de village a le droit d'être *adamite*.... chez lui.

La gaîté reparaît sur toutes les physionomies, et nos dames campagnardes parlent de petits jeux : toutes y gagnent. Laides ou jolies sont embrassées ; les premières d'une manière moins prononcée ; mais le baiser le plus léger produit toujours de l'effet sur celle qui n'en obtient que de l'occasion.

J'aime aussi les petits jeux : un mois plus tôt j'aurais appuyé la proposition. Mais, pour baiser et être baisé, je n'ai besoin ni du *Pigeon vole*, ni du *Corbillon*. Et puis mes gros campagnards enlaceraient de leurs bras robustes le corps aérien de Sophie ; leurs figures enluminées altéreraient la fraîcheur de son teint, et ce n'est point au vautour que sont réservés les baisers de la colombe.... Non, point de petits jeux. Mais comment éloigner une idée qui semble plaire à tout le monde ?

« Madame, on vous demande. » C'est Justine qui parle à Sophie. Sophie sort ; j'en suis enchanté. Qu'on joue maintenant à ce qu'on voudra ; je suis prêt à tout... pourvu cependant que Sophie ne rentre point.

« Monsieur, on vous demande. » Je me lève : je suis Justine. « Qui donc
» me demande ? — Moi, monsieur. —
» Que me veux-tu ? — Que vous alliez
» joindre madame. — Où est-elle ? —
» Dans son appartement. — Avec qui ?
» — Elle est seule. — Qui l'avait deman-
» dée ? — Encore moi, monsieur. — Et
» pourquoi ? — Pour lui éviter ces gros
» baisers de village, et vous procurer à
» tous deux un moment de plaisir.

» Pendant que vous causerez, madame
» d'Elmont fera les honneurs du salon.
» — Tu es une fille unique. »

Elle est sur son ottomane. Elle rêve ; je m'approche. Elle lève les yeux sur moi, et ses yeux disent amour et plaisir. Je crois saisir l'un et l'autre ;.... elle m'échappe ; elle me rappelle la confiance de sa mère. C'est à elle que madame d'Elmont a remis le dépôt précieux. Elle veut le ménager, le conserver. Elle est sûre d'elle ; elle ne cédera point de huit jours... Pauvre Sophie ! Femme qui aime est vaincue avant d'avoir cédé ; et, quand elle s'est rendue, que lui reste-t il à faire ?..... Recommencer.

« Ma tendre amie, tu me vois bril-
» lant de santé... — Mon ami.... je
» t'en prie, accorde-moi un jour.... une
» heure... »

Je la relève radieuse et fortunée... C'est l'Aurore qui s'échappe des bras de Titon, pour se présenter à l'admiration des mortels. Voyez-la, délirante encore, se couvrir du voile des Grâces en célébrant la volupté.

« O mon ami, cent ans d'une pareille
» vie ! — Mille ans, l'éternité. Viens,
» viens errer dans ce parc, où nous
» sommes tout à nous. L'amour heu-
» reux aime le silence et le recueille-
» ment. — Mon ami, recueillons-nous
» ici : savons-nous si nous pourrons y
» rentrer ? — Je t'entends, ma Sophie.
» Madame d'Elmont, toujours crain-
» tive, toujours prévoyante... Justine !
» Justine !... Hé ! venez donc, made-
» moiselle. Apportez-nous en diligence
» tout ce dont on peut avoir besoin
» depuis sept heures du soir jusqu'à
» huit heures du matin...

» De la pâtisserie, des confitures,
» bon... Du Malaga et du Madère, à
» merveille. — Mon ami, ne porte pas
» plus loin tes recherches. Tu as rai-

» son : la ceinture brillante de Vénus
» ne doit pas toujours être vue. — Je
» crois, monsieur, que je peux vous
» remettre les doubles clefs ? — Oui,
» Justine. Laisse-nous.

» Ma Sophie, tu as beaucoup mar-
» ché ce matin. — Et beaucoup fatigué
» hier. — Tu dois avoir besoin de re-
» pos. — M'en promets-tu ? — Juges-
» en. — Le pouls est tranquille.

» Viens, cher ami, viens reposer
» dans mes bras... Soyez donc sage,
» monsieur... Vous me l'avez promis...
» vous... Ah! Francheville, tu es ado-
» rable! »

Pan, pan. « Qui est là ? — A-t-on
» jamais porté l'extravagance à ce point!
» Se coucher à sept heures du soir ! —
» Maman, nous sommes fatigués. —
» Le joli moyen de vous remettre ! —
» Mon ami se porte à merveille, j'en
» suis sûre, maman. — Je désire que
» cela continue. — Ah! et moi aussi,

» maman. — Bonsoir, mes enfans. —
» Bonsoir, mamant.

Avec de la ténacité, on arrive à son
but : nous voilà emancipés..............
. . . .

« Ah! Sophie, quel beau jour suc-
» cède à une nuit délicieuse! jouissons
» de celui-ci, levons-nous. Allons re-
» voir tes lilas et tes linots. — Non,
» allons rendre à ces gens d'hier leur
» ennuyeuse visite, et n'ayons plus de
» rapports avec eux. Nous, mon bon
» ami, nous, toujours nous, rien que
» nous. — Le moyen le plus sûr de les
» empêcher de revenir, c'est de ne pas
» aller chez eux. — Ils nous accuseront
» de grossièreté ou de hauteur. Don-
» nons un moment à l'usage, et le reste
» de notre vie à l'amour.

» —Laissons, puisque l'usage et toi
» le prescrivent, des plaisirs et des épan-
» chemens divins, pour aller nous en-
» nuyer à l'heure...... Que dis-je? je te

» verrai, je te parlerai, je te toucherai,
» et l'ennui peut-il pénétrer dans le
» cercle magique que les Grâces ont tracé
« autour de toi ? »

Madame d'Elmont se propose de nous accompagner. Nous déjeunons, nous nous habillons, nous partons.

C'est sans doute à celui que les hommes ont établi médiateur entre le ciel et eux, que sont dues les premières marques de considération, et même de respect. Nous descendons chez le curé.

Une gouvernante, très-jeune, et d'une figure assez remarquable, nous reçoit, et met tout en combustion dans le presbytère. Elle chasse de la salle à manger des poules, qui paraissent avoir le privilége de sauter sur la table, sur les chaises, et d'y faire tout ce que bon leur semble. Les poules s'enfuient à l'aspect du balai, crient, courent, volent, et nous rasent, en passant, le nez et les oreilles. Une d'elles couve dans une

vieille perruque de monsieur le curé. Protectrice courageuse de ses enfans à naître, elle s'élance, elle va fondre je ne sais sur qui. Ses ongles s'accrochent à la perruque ; elle enlève nid et poussin ; les œufs tombent, se brisent : voilà une omelette sur le plancher. « Dix-sept
» poulets perdus, dit en soupirant la
» petite bonne ! Monsieur le curé,
» ajoute-t-elle, en s'efforçant de sou-
» rire, n'en sera pas moins enchanté de
» recevoir ces dames et monsieur. »

On ne met pas des souliers blancs dans des œufs cassés. On ne se sert pas de chaises, sur le siége et le dossier desquelles des poules ont fait.......... vous savez bien........ La petite bonne nous conduit dans la chambre à coucher de monsieur le curé, qui est dans son jardin, qu'elle va appeler, et qu'elle nous invite à attendre.

Le lit de monsieur le curé n'est pas fait encore. Un oreiller est tombé à droite, un second à gauche : monsieur le curé aime à avoir la tête haute. Une aube ici, une culotte là ; un tablier de taffetas noir sur un prie-Dieu ; un petit soulier vert dessous : il faut mettre quelque part sa parure des dimanches. Mais le soulier vert, l'aube, la culotte, le tablier noir, ne nous permettent pas plus de nous asseoir en haut qu'en bas. Nous nous décidons à aller trouver le curé dans son jardin.

Moins magnifique que Joad, et par cela même plus modeste dans son ton et ses manières, il nous salue de cinquante pas, et s'approche, en saluant, jusque sur le bout des pieds de mesdames. C'est très-bien, pensé-je, car il est écrit : Quiconque s'abaisse sera élevé ; et, pour accomplir la prophétie, je prie le curé de se relever, et de recevoir nos salutations.

« Nous vous dérangeons, monsieur » le curé. — Pas du tout, monsieur. —

» Vous ne faisiez donc rien dans votre
» jardin ? — Ah ! je m'amusais. Je fai-
» sais la guerre aux hannetons, aux
» chenilles, et je la ferai ce soir aux cou-
» sins. — Je ne sais, monsieur le curé,
» si cette guerre-là est bien orthodoxe.
» — Comment donc, monsieur ? se
» défendre, soi et ses propriétés, est
» de droit naturel. — Monsieur le curé,
» il est incontestable que Noé introdui-
» sit dans l'arche, je ne sais pourquoi,
» j'en conviens, une paire de hannetons,
» de chenilles et de cousins, car depuis
» Adam il n'y a pas eu de création.
» Ainsi le droit divin, d'après lequel
» ces espèces existent, est ici en oppo-
» sition avec le droit naturel. Si vous
» admettez le dernier, craignez que le
» cheval que vous usez, que le bœuf
» que vous mangez, l'invoquent à leur
» tour. — Mais, monsieur, Dieu a fait
» tous les animaux pour le service ou
» la table de l'homme. — Comme il a

т. 4. C

» fait votre tête pour porter perruque.
» Et puis vous avouerez qu'il y a des
» exceptions à votre principe très-géné-
» ral. Les hannetons, les chenilles et
» les cousins, par exemple, ne sont
» propres ni à votre service, ni à pa-
» raître sur votre table. Vous les tuez
» uniquement parce qu'ils vous gênent,
» et j'ai bien peur, monsieur le curé,
» que ce prétendu droit naturel ne soit
» réellement que le droit du plus fort.
» Ceci peut donner lieu à une longue
» et savante discussion, qui nous fera
» passer une heure de plus à table,
» quand vous voudrez bien venir pren-
» dre place à celle du château. »

Nous quittons le presbytère ; nous entrons chez l'homme aux huit ou dix mille livres de revenu, au dos de carpe, et aux phrases à prétention. Il nous reçoit avec des complimens interminables : le premier fourbe fut un complimenteur. Tout ce que nous entendons du galimatias de celui-ci, c'est qu'il a eu l'intention de nous dire des choses agréables et polies.

Tout est inintelligible chez cet homme-là. Il nous fait voir son jardin, c'est tout simple : à quoi servent un jardin, des bosquets, qu'on sait par cœur, si ce n'est à les faire admirer aux autres ? Le propriétaire de celui-ci nous en fait remarquer la belle tenue; et en effet il ressemble à un jardin de plantes botaniques. Sur de petites plaques de fer blanc, attachées au haut de bâtons fichés en terre, on lit ici, *lactucæ*; là, *asparage*; dans ce carré, on lit *brassicæ*; dans celui-là, *sativæ*; dans cette plate bande, *rapæ*; dans cette autre, *cærefolium*.....

« Toutes ces plantes, monsieur, sont
» donc étrangères, dit Sophie ? — Il faut
» dire *exotiques*, madame. — Exotiques,
» soit. — Non, madame, elles sont
» *indigènes*. *Lactucæ* veut dire des lai-

» tues; *asparage*, des asperges; *bras-*
» *sicæ*, des choux; *sativæ*, des carottes;
» *rapæ*, des raves. — Hé! monsieur, pour-
» quoi ne pas appeler tout simplement
» les choses par leur nom connu? —
» Un nom trop connu devient vulgaire,
» et il est démontré, madame, qu'on
» n'attache maintenant quelque prix à
» une plante qu'autant qu'elle a un
» nom grec ou latin. Allez, madame,
» allez au Jardin des Plantes..... — De
» quel jardin parlez-vous, monsieur,
» car je ne connais pas de jardin sans
» plantes. — Je parle, madame, du
» jardin ci-devant dit du roi. — Au
» moins cette dénomination est précise.
» — Allez-y, madame, et vous verrez
» les promeneurs en admiration devant
» cinq cents étiquettes, par cela seul
» qu'ils ne les entendent pas. Ils pas-
» seraient avec dédain, s'ils y lisaient
» *panais, betteraves, romaines*, etc.
» Il y a un mois, une fort belle dame

» s'arrêta devant *cœrefolium*. Elle ad-
» mirait la douceur harmonique de ce
» mot, et affirmait que la plante doit
» avoir la tige *amoureuse*, et l'odeur *zé-*
» *phirienne*. J'ai transcrit le mot, et je
» l'ai fiché là. — Et qu'avez-vous semé
» dessous? — Monsieur, j'y ai mis des
» ognons de lis, parce que je ne con-
» nais pas de plante qui ait plus de
» rapports avec la définition de la
» dame. Tige amoureuse, c'est-à-dire,
» taille fine, svelte, élancée...... — Je
» suis fâché pour vous, monsieur. Mais
» c'est du cerfeuil qu'il fallait mettre là.
» — Quoi, monsieur, ce *cœrefolium* si
» harmonieux!... — Signifie tout uni-
» ment du cerfeuil. » Ma Sophie et sa
maman éclatèrent de rire; mon savant
rougit, et nous prîmes congé de lui
pour le tirer d'embarras.

Nous passons chez l'époux fortuné
qui s'entend appeler, *mon cœur;* et c'est
madame qui s'empare de nous. Elle a

la haute main dans la maison ; et les douceurs qu'elle adresse à son mari ressemblent à la dorure qu'on applique, d'une main, sur des fers qu'on rive de l'autre.

Le lieu que madame soigne et affectionne particulièrement, c'est le poulailler, et c'est là qu'elle nous conduit. Encore des poules ici ! J'espère qu'il n'y a pas de couveuses. Celles-ci ont les extrémités des plumes tournées vers la tête, au lieu de l'être du côté de la queue ; « et rien n'est beau comme » cela, parce que rien n'est plus rare. » — Par la même raison, madame, un » bossu est bien plus beau qu'un bel » homme, car une bosse est plus rare » qu'un dos uni. — Cela peut être, » monsieur, mais je n'aime pas les » bossus. — Ni moi les poules aux plumes » retournées. — Ah ! monsieur, si vous » saviez ce qu'elles valent ! *Malgré que* » *la saison ne soit pas encore très-*

» avancée, elles me font des pontes
» *conséquentes*, et *ce n'est pas qu'à*
» *moi* que cela arrive. Celles que j'ai
» données l'an dernier à ma voisine
» pondent déjà très-*conséquemment*,
» *malgré qu'elles* n'aient encore que
» huit mois. Venez, mesdames, je vous
» ferai admirer mes œufs ; et *mon*
» *cœur*, si vous le permettez, en en-
» verra *t* un demi-cent au château. —
» Madame a ouvert ce matin sa boîte
» aux T. — Non, monsieur ; j'ai pris
» du chocolat. »

Nous voilà chez la dame à l'épaule élevée et à la poitrine rentrante. Exceller en quoi que ce soit, c'est être quelque chose : l'auteur d'un bon madrigal vaut mieux que celui d'une mauvaise tragédie. Madame fait des bourses, toujours des bourses, rien que des bourses; mais elles les fait si jolies ! Elle en fournit l'épouse de monsieur le préfet, celles du secrétaire-général et des conseillers de préfecture. Elle ne les a jamais vues, et peut-être ne les verra-t-elle jamais ; mais elle en reçoit des lettres très-obligeantes ; elle sait qu'on parle d'elle dans la capitale du département.

Elle me conte à l'oreille que son mari a besoin d'un protecteur pour le dessèchement d'un marais, dont les eaux ne peuvent s'écouler dans l'Oise qu'en traversant les terres des voisins ; et elle ajoute finement qu'elle compte faire, avec des bourses vides, ce que d'autres ne savent faire qu'avec des bourses pleines. Pas trop bête !....

Du reste, madame ne se mêle de rien chez elle ; elle ne sait pas même où est son mari : moi je m'en doute. Je sors d'après le prétexte connu...... Celui-là éloigne les curieux ou les surveillans. Je fais une inspection générale des lieux ; je trouve dans une mansarde monsieur avec Ursule : je croyais que le bœuf à la mode ne se faisait qu'à la cuisine.

Elle est fort bien cette petite Ursule. Ses couleurs vives font ressortir ses yeux.... Oh! le feu.... l'action....

Nous arrivons chez la dame affligée des déportemens de son fils, de son fils qui a cinq ans, et si heureusement dédommagée par les qualités de son petit chien. Cette jeune maman est appétissante. Il est fâcheux qu'elle ait le cœur dur, ou plutôt qu'elle n'en ait pas. Le premier spectacle qui s'offre à nos yeux, est celui d'un enfant, beau c mme l'Amour, attaché avec une corde au pied d'un lit. Il ne rit, ni ne pleure. Il paraît simplement être dans une position gênante, mais habituelle. Il mange avec tranquillité un morceau de pain bis.

Fidèle dort sur un coussin auprès d'un tas de gimblettes qu'il n'a pu que mâchonner. Ce que c'est que la satiété! Il nous entend, il se lève, il aboie, et vient se jeter dans mes jambes. D'un coup de pied je fais voler Fidèle par-dessus la tête de sa maîtresse, et d'un tour de main j'ai détaché l'enfant. Je le prends dans mes bras; je le caresse; Sophie le caresse à son tour; il ne sourit pas; il paraît être insensible aux bons comme aux mauvais traitements : on en a fait un automate.

Une grosse fille de basse-cour saisit le moment pour lui glisser un morceau de pâté, qu'il avale furtivement...... Je glisse un louis à la grosse fille. « Con- » serve ton cœur tel qu'il est aujour- » d'hui. Il vaut mieux que le rang et » la richesse. »

Il était inutile que personne se contraignît : madame avait relevé son Fidèle, s'était assise à terre, le tenait sur ses genoux, ne voyait que lui, pleurait sur lui, et répétait, en me regardant de travers, qu'il avait une patte cassée. J'aurais voulu que ce fût le cou.

Cette maison ne nous convenait pas; nous ne pouvions améliorer le sort de l'enfant; nous nous hâtâmes de nous retirer.

L'infortuné mari nous conduisit. Il me remercia d'avoir donné une leçon à Fidèle et à sa femme; il nous remercia de l'intérêt que nous avions marqué à son enfant. » Hé! monsieur, si vous
» traitiez une fois votre femme comme
» je viens de traiter Fidèle, vous seriez
» le maître chez vous; et un mari doit
» l'être lorsque sa femme se conduit
» mal. » Le malheureux aime la sienne: il ne l'assommera pas.

« Ma chère amie, par où entrerons-
» nous ici? Je ne vois pas un pouce
» de terrain perdu; mais les orties dé-
» bordent de droite et de gauche, et
» couvrent à peu de chose près la sur-
» face de cet étroit sentier. Comment
» passer là avec des bas de soie, ou

» de coton à jour? Ma foi, écrivons-
» nous sur la porte. — Monsieur, mes-
» dames! — Qui nous appelle? »

C'est une espèce de laquais, qui porte je ne sais quoi.... « Ah! ce sont
» des guêtres de peau! — Oui, mon-
» sieur, il y en a ici vingt-cinq paires
» de toutes longueurs et de toutes gros-
» seurs; plus, des caleçons pour les
» dames. C'est moi qui suis chargé de
» les offrir aux arrivans, et voilà un
» pavillon divisé en deux parties, où
» chacun peut faire modestement sa
» toilette.

» — Voilà un début qui promet. Ma-
» man, entrons dans le pavillon. — Mon
» gendre, passez de l'autre côté; vous
» avez les yeux et les mains par-
» tout. »

Le propriétaire nous attend à l'entrée de son vestibule. « Baissez-vous,
» baissez-vous, nous crie-t-il, dès qu'il

» croit pouvoir se faire entendre. » Il était inutile de nous recommander cela.

Le vestibule, la salle à manger et les autres pièces de la maison sont garnis de branches sèches, depuis le plafond jusqu'à cinq pieds du sol. Il faut plier le dos, à peine de se prendre dans les toiles d'araignées, comme Mars dans les filets de Vulcain. « Fai-
» tes attention à vos pieds. Serrez les
» coudes. » A terre et contre les murs sont fixées, en échelons, des ardoises, suffisamment enduites de miel pour que les mouches puissent y manger, et la couche est ménagée de manière qu'elles ne puissent être arrêtées par les pattes. On entend partout un bourdonnement insupportable, et on est continuellement piqué au visage et au cou. « Il eût fallu joindre, monsieur,
» aux caleçons et aux guêtres de peau,

» des capuchons tombant aux extré-
» mités des épaules.

» — Il est vrai, monsieur, que je
» n'ai pensé qu'à l'essentiel ; c'est que
» l'habitude me rend insensible à la
» gêne et aux piqûres. Nos colons d'A-
» mérique supportent les moustiques
» et les maringouins, parce qu'ils ga-
» gnent beaucoup d'argent ; moi, je
» vis au milieu de mes mouches et de
» mes araignées, qui sont bien moins
» incommodes, parce que l'année pro-
» chaine je leur devrai une fortune im-
» mense. — Et celle-ci? — Oh! celle-
» ci, je fais les avances ; vous savez
» qu'il faut semer avant de recueillir.

» Venez, mesdames, venez par ici. »
Nous entrons, presque ployés en deux,
sous un vaste angar, où sont déjà
tous les ustensiles nécessaires à une fi-
lature. « C'est ici que je ferai mon co-
» ton et ma soie. Un fabricant de Lyon

» va m'envoyer dix métiers et dix ou-
» vriers du premier mérite. Je compte
» faire du velours de toutes couleurs,
» que je donnerai à dix francs l'aune,
» sur lesquels j'en gagnerai sept.

» Sortons par-là. — Oh! très-volon-
» tiers : je ne saurais rester plus long-
» temps dans cette attitude. — Voyez-
» vous ce bois qui est là devant nous?
» Il a cent cinquante arpens, et j'y ai
» déjà mis trois millions d'araignées des
» champs, de celles qui font cette su-
» perbe toile blanche qui vole au gré
» du vent, et qu'on appelle vulgaire-
» ment *fil à Jésus*. C'est du coton de
» la première qualité. Vous sentez que
» les rameaux de mes arbres empêche-
» ront mes toiles d'aller se perdre dans
» la campagne; mais, comme cette
» espèce d'araignée aime le soleil et le
» grand air, j'ai mis dans ce bois cent
» cinquante ouvriers occupés en ce

» moment à en arracher toutes les
» feuilles ; et, comme il faut tout pré-
» voir, j'ai acheté deux mille grelots
» à mulets, et je les ai fait coudre sur
» la veste, les culottes et les bas de
» mes ouvriers. — A quoi bon cette
» mesure ? — Vous ne le devinez pas ?
» — Non, en vérité. — Mes fileuses,
» averties par le bruit des grelots, se
» retirent dans les crevasses de la terre,
» ou dans celles de l'écorce des arbres,
» et évitent ainsi le pied destructeur.—
» Voilà, par exemple, un effort de
» génie. — N'est-il pas vrai ? Je vais
» vous étonner bien davantage. Vous
» sentez que mes arbres, dépouillés de
» leurs feuilles.... — Crèveront. — Sans
» doute ; mais ils resteront debout vingt
» ans encore, et ils m'auront procuré
» en coton vingt mille fois ce qu'ils
» m'eussent rendu en fagots. Revenons.
» Vous sentez que mes arbres, dé-

» pouillés de leurs feuilles, laisseront
» un libre passage aux hirondelles, et
» vous savez que les hirondelles man-
» gent les araignées. Je vais faire en-
» tourer et couvrir mon bois d'un treil-
» lage en fil de fer et à mailles ser-
» rées au point de n'y pouvoir passer
» le bout du petit doigt. — Voilà une
» idée vraiment admirable. — Vous
» goûtez donc mes plans? — J'en suis
» enchanté? — Tant mieux. Vous avez
» du crédit, et vous m'aiderez à obtenir
» un brevet d'invention. »

Il nous invite à venir suivre les pro-
grès de son établissement. Nous le quittons, bien décidés à n'avoir plus besoin
de ses guêtres, ni de ses caleçons.

« Bon ami, ne trouves-tu pas qu'on
» devrait interdire cet homme-là? —
» Non, mon ange; il se ruinera d'une
» manière plus originale que la plupart
» de ceux qui font des entreprises,

» voilà tout, et il ne faut pas interdire
» ces gens-là. Ils sont très-utiles aux
» ouvriers qu'ils emploient; ils le sont
» même à la masse des citoyens, en
» rétablissant, autant qu'il est en eux,
» l'équilibre des fortunes. — Mais leurs
» femmes, leurs enfans?..... — Tra-
» vailleront à leur tour pour ceux qui
» ont aidé à les ruiner; et, avant la
» quatrième génération, leurs enfans
» en auront ruiné d'autres. — Tu parles
» de cela bien à ton aise; si on nous
» ruinait, nous? — On ne ruine pas
» les gens raisonnables et satisfaits de
» leur sort; mais assez ordinairement
» leurs enfans dissipent; et tout est
» bien.

» — Comment donc, ma fille rai-
» sonne! — Sophie fait tout, et fait
» tout bien. Cette bouche charmante
» embellit la raison, comme elle sourit
» aux amours. — Vous la gâtez, mon-

» sieur. — Cela n'est pas possible, ma-
» dame. Te louer, ma Sophie, c'est
» simplement être vrai ; et quelque
» étendue qu'on donne à l'éloge, il ne
» peut être exagéré. »

CHAPITRE III.

Suites naturelles de ce qu'on a lu.

Une surprise agréable nous était réservée au château. Nous y fûmes reçus par la comtesse, Soulanges et du Reynel. On aime à épancher son cœur avec ceux qu'on a faits dépositaires de ses secrets. Madame d'Ermenil et Soulanges savent les nôtres, et doivent présumer que nous avons deviné le leur. Nous serons tous parfaitement à notre aise, et nous aurons toujours quelque chose à nous dire : après le sentiment du bonheur, rien de si doux que d'en parler.

Du Reynel ne sait rien, ne verra rien. Ses jouissances intellectuelles sont dans le Cuisinier impérial, et sa sensualité se borne aux plaisirs de la table.

La première question que font des campagnards à ceux qui arrivent de Paris, a toujours pour objet la nouvelle du jour. Les campagnardes se hâtent de savoir si le bonnet qui était à la mode la semaine passée n'est pas ridicule aujourd'hui. Madame d'Elmont et Sophie s'emparent de la comtesse, dont il ne m'est pas possible d'obtenir un mot. Du Reynel est allé faire connaissance avec le maître-d'hôtel; il ne me reste que Soulanges. « Hé
» bien! mon ami, qu'y a-t-il de neuf à
» Paris?

» — On y parle d'un mauvais sujet
» qui vole ceux qui dorment, et qui
» s'enfuit avec leurs habits et leur ar-
» gent. — Bah! on y parle de cela! On
» n'y a donc rien à faire. — Fait-on
» quelque chose à Paris? On s'y lève
» parce qu'on est fatigué d'être au lit;

» on va sans savoir où; on dîne où on
» se trouve; on se passionne pour la
» femme qu'on a auprès de soi; on la
» quitte pour la reine de Persépolis,
» ou Brunet; on va bâiller une heure
» chez sa maîtresse, et on va se cou-
» cher pour échapper à l'ennui.

» — Mais, en allant et venant, on
» recueille quelque anecdote... — Qu'on
» oublie le lendemain. — Vous n'avez
» pas encore oublié celle d'hier. — Non,
» parce qu'indirectement elle vous in-
» téresse un peu. — Ah! contez-moi
» cela. — Ces belles dames à qui vous
» devez un coup d'épée et la possession
» de la charmante Sophie, sont grosses
» toutes les deux. — Et on dit que les
» filles ne font pas d'enfans! — Ceux-ci
» se sont faits sans l'intervention des
» maris. D'Allival avait résolu de se
» battre avec son coadjuteur; mais,
» comme il en a eu dix ou douze depuis
» trois mois, il n'a su auquel se prendre,

» et, ne pouvant tuer personne, il s'est
» borné à battre madame, qu'il a si
» bien battue que probablement il se
» moquera de l'axiome : *Est pater ille*
» *quem nuptiæ demonstrant.*

» Le procureur impérial, qui ne
» veut pas qu'on fasse d'enfans adul-
» térins, mais qui veut encore moins
» qu'on les tue, prend connaissance
» de cette affaire; et d'Allival est allé
» prudemment attendre le dénouement
» à Londres.

» Valport s'est contenté d'appeler sa
» femme du nom qu'elle a si bien ac-
» quis. C'est sous ce nom qu'il la dé-
» signe à ses amis, à la société; il rit
» de ce qui a si vivement affecté d'Al-
» lival, et il dit avec raison qu'il vaut
» mieux avoir un enfant de plus que
» la tête de moins.

» On croit cependant qu'il va se
» pourvoir en divorce, pour n'être pas

» surchargé des résultats des distrac-
» tions de madame. »

Il me tire à l'écart. « Mon ami, mon
» cher ami, j'ai été distrait aussi. Ma-
» dame d'Ermeuil est furieuse; elle
» pense, elle fait en secret ce que ma-
» dame de Mirville dit et avoue : leur
» opinion sur les suites du mariage est
» la même. La comtesse ne se console
» pas de la nécessité où elle est de finir
» comme nous aurions pu commencer.
» Je l'ai déterminée à venir de préférence
» ici prendre le bon air et de l'exercice,
» parce que j'espère que vous m'aiderez
» à la réconcilier avec l'Hymen.

» Maintenant que je vous ai mis dans
» ma confidence la plus intime, je vous
» charge des fonctions de maréchal-des-
» logis. Vous savez comment il faut
» loger des époux qui ne sont pas fati-
» gués de l'être.

» — Hé! parbleu, mon ami, je vais

» tout arranger conjugalement. Aucun
» de nos domestiques ne vous connaît,
» et la comtesse sera madame de Sou-
» langes, comme ma charmante Sophie
» est madame de Francheville. — Et
» Baptiste que nous avons amené ? Il
» est observateur, causeur, railleur. —
» Il faut le renvoyer à Paris. — On con-
» naît peut-être déjà dans votre anti-
» chambre nos noms et la nature de
» notre intimité. — Voyons cela.

» Où est Baptiste ? Justine, qu'est
» devenu le domestique qui courait
» devant cette berline? — Monsieur,
» je ne l'ai pas vu. — Il n'a pas été à
» l'office ? — Je ne le crois pas, mon-
» sieur. » Nous descendons, Soulanges
et moi ; nous nous informons ; il est
constant que Baptiste n'a encore parlé
à personne. Mais où est-il?... Ah! sous
les remises ; il a sorti les paquets de la
voiture, détaché la malle, et le voilà
debout et immobile au milieu de tout

cela.... Que diable fait-il ? Il lit des lettres. Ah ! monsieur Baptiste a des correspondans ! Ce pourrait bien être des *correspondantes*. Le drôle a de la figure et de l'audace ; il n'en faut pas plus pour réussir auprès de certaines femmes.

« Baptiste, pourquoi restez-vous là ?
» — Monsieur de Soulanges, je relis
» des lettres intéressantes. Ah ! ah !
» de quelque be le, sans doute ?—Belle,
» non pas précisément. — Assez bien
» cependant pour vous faire oublier le
» repos et le déjeuner. J'en suis bien
» aise, car il faut que vous retourniez
» de suite à Paris. — Comment, mon-
» sieur, à Paris ! — Hé, oui, à Paris.
» — Madame m'a permis de la suivre
» ici, et d'y rester auprès d'elle. — Que
» signifient toutes ces observations ?
» —Que je suis très embarrassé, mon-
» sieur. — Comment cela ? — En par-
» tant du château d'Ermeuil, vous m'y

» avez laissé.... — Hé bien? — Avec
» une petite femme de chambre....—
» Caroline. — Précisément, pour faire
» les paquets et les malles avec elle...—
» Après? — Nous avons fait autre chose
» que des paquets. — Comment, Bap-
» tiste ? — Baptiste est un homme, Ca-
» roline une femme; nous étions au
» mois de mai, et tout pousse dans ce
» mois-là. Moi, je n'ai rien promis, et
» je suis dispensé de rien tenir. Mais
» une fille de vingt ans doit prévoir
» qu'une nuit de plaisir est souvent
» suivie d'une fluxion.... — Caroline
» est grosse! — Et elle veut que je
» l'épouse. — Elle a raison. — J'ai rai-
» son, moi, de ne le vouloir pas. —
» Pourquoi cela ? — Elle n'a rien. — Ni
» vous non plus. — J'ai ma figure. —
» Elle a la sienne. — On ne bat pas
» monnaie avec cela. — En voilà assez,
» partez, et vous vous arrangerez avec

» elle quand vous serez à Paris. — Oh!
» monsieur, ce n'est pas elle qui m'em-
» barrasse. On quitte une femme, on
» le lui dit bien positivement; elle
» pleure, elle se console, et voilà une
» affaire terminée. Mais dans celle-ci
» il y a un frère..... — Qui n'est pas
» traitable, peut-être? — Un brigadier
» de la légion d'élite, qui me laisse le
» choix d'épouser sa sœur, de tirer le
» sabre avec lui, ou d'expirer sous le
» bâton. Voilà sa lettre; et vous voulez
» que je retourne à Paris! — Je vois,
» Baptiste, que vous ne voulez pas
» vous battre, de peur d'être battu. Il
» n'y a alors qu'un moyen de vous tirer
» de là : c'est d'épouser. — Il faut vous
» dire tout, monsieur; j'ai des vues
» plus relevées. Je connais, et vous
» aussi, une jeune personne qui est
» bien plus jolie que Caroline, qui est
» à la tête d'un bon établissement, et

» je me propose de l'épouser. — Fan-
» chette, peut-être? — Oui, monsieur
» de Soulanges. »

Soulanges partit d'un éclat de rire, en me regardant. Jamais accès de folie ne me parut aussi déplacé. J'étais blessé que le nom de Fanchette fût prononcé par un valet; il me semblait dégradé dans une telle bouche. J'avais le cœur serré, en pensant que Baptiste se croyait l'égal d'une fille charmante, qui m'avait enivré d'amour et de plaisir. J'étais humilié, confus qu'il se déclarât mon rival. Mon rival! Hé! ne l'ai-je pas quittée pour jamais............ Oui, oui! mais l'oublier n'est pas en mon pouvoir.

J'ai frémi, j'ai rougi, lorsqu'il a prononcé ce nom. J'y rattache involontairement des souvenirs bien cruels........ et bien doux. Fanchette, la femme de Baptiste! cela ne sera jamais. Je souffrirais cruellement de la savoir dans les bras de qui que ce fût au monde..... Elle ne sera la femme de personne.

Quelles idées ce malheureux vient de réveiller !....... Pardon, Sophie, pardon ; je ne peux refuser un soupir à Fanchette.

Non, elle ne sera point exposée aux poursuites de cet homme ; il n'ira point à Paris. Soulanges désire qu'il s'éloigne ; il partira, il se rendra.... il se.... Pendant que je réfléchis, ou que je déraisonne, Soulanges reprend la parole.

« Baptiste, vous n'êtes en sûreté, ni à
» Paris, ni dans le château. Le briga-
» dier peut apprendre chez madame la
» comtesse que vous l'avez suivie ici, et
» venir vous y chercher. — Ah! monsieur,
» vous me faites trembler. — Vous sen-
» tez que personne n'a le droit de vous
» protéger contre un honnête homme
» que vous avez cruellement offensé. —
» Et qui ne pense qu'à se venger cruel-
» lement. — Je blâme beaucoup ceux

» qui font des enfans aux filles, et qui
» refusent ensuite de les épouser; mais je
» réfléchis aussi que si le mariage était
» la suite certaine d'une faiblesse, il y
» aurait trop peu de filles sages. Ainsi,
» je ne vous laisserai pas dans l'em-
» barras où vous vous êtes jeté. Voilà
» de l'argent. Allez à Châlons; je vous
» y adresserai à un de mes amis, que je
» prierai de vous bien placer. Prenez
» garde aux fluxions, surtout avec
» celles dont les frères ont le sabre au
» côté, et souvenez-vous qu'une mar-
» chande bien établie n'épouse pas un
» domestique, à moins qu'elle ait perdu
» la raison. Celle dont vous parliez tout
» à l'heure vous a prouvé à Chantilly
» que vous ne lui avez rien ôté de la
» sienne. »

Il était impossible d'être plus pénétrant et de me servir mieux. Bon Soulanges! Je lui serrai la main avec une
expression!..... Baptiste, un peu confus

des dernières phrases qu'on venait de lui adresser, revint à la gaieté, en pensant qu'il allait échapper au fer ou au bâton du redoutable brigadier. Nous l'emmenâmes hors du parc; Soulanges écrivit chez le maître d'école du village; Baptiste trouva une carriole prête à le porter lui et sa valise à la poste prochaine; il partit.

« Avec quelle impertinente familiarité
» cet homme a parlé d'une femme dont
» je n'ose plus même prononcer le nom...
» d'une femme!...... Ah! Soulanges, si
» vous la connaissiez comme moi!......
» Mon ami, rentrons au château; j'ai
» besoin d'un appui, et ce n'est que
» l'amour que je puisse opposer à lui-
» même. »

J'ai retrouvé la femme charmante, ses grâces, son sourire, son cœur, et son regard voluptueux. Qu'il est facile, qu'il est doux de tout oublier auprès d'elle!

Servons maintenant l'amitié. Faisons une douce violence à l'aimable comtesse. Il est des choses qu'on ne persuade pas, et qu'on obtient de la nécessité. « Justine, vous ferez préparer l'appar-
» tement vert pour monsieur et madame
» de Soulanges. » Soulanges me serre la main à son tour ; Sophie et sa maman me regardent ; la comtesse se lève et vient à moi.

« Plaisantez-vous, Francheville ?
» perdez-vous la raison ? — Justine,
» vous direz au maître-d'hôtel que mon-
» sieur et madame de Soulanges restent
» avec nous. — Il est bien extraordi-
» naire que vous vous permettiez ainsi
» de disposer de moi. — Justine, vous
» direz au maître d'hôtel d'attacher à
» monsieur et à madame de Soulanges
» le plus intelligent des domestiques.
» Allez. — Francheville, je vais éclater.
» — A quoi bon ? Persuaderez-vous à
» cette fille que je n'aie fait qu'une plai-

» santerie, et une plaisanterie qui ne
» pourrait avoir pour objet que de vous
» compromettre vis-à-vis de nos gens?
» Un homme bien élevé s'en permet-il
» de ce genre-là ! A-t-il jamais parlé de-
» vant une femme décente de la faire
» coucher avec un homme qui n'est pas
» son mari? — C'est ce que vous venez
» de faire. — Et c'est ce qu'on ne croira
» pas. — Il est clair que ce monstre-là
» vous a tout dit. — Tout absolument.
» — La jolie manière que vous avez
» trouvée là, messieurs, de vous faire
» épouser ! — Épouser ! quelle marque
» plus positive d'amour et d'estime peut-
» on donner à une femme? — Je crois
» que je finirai par voir comme vous.
» — Oh ! combien je le désire ! Vous
» assurerez le bonheur de mon ami, et
» votre exemple entraînera mon aimante
» et timide Sophie.

» — Bon ami, tu es d'une étourderie
» sans égale. — Qu'ai-je fait, chère So-

» phie ? — Tu maries de ton autorité
» privée Soulanges et la comtesse ; voilà
» qui est bien pour nos gens. Mais du
» Reynel ?.... — Ah! mon Dieu, ni
» Soulanges, ni moi n'avons pensé au
» gros garçon..... Madame d'Elmont,
» vous avez la tête calme ; par grâce,
« aidez-nous de vos conseils. — Le con-
» seil le plus sage que je puisse donner
» à ces dames, c'est de mettre fin à ces
» tracasseries, à ces embarras, en se
» mariant toutes les deux. — Je vous
» supplie, ma petite maman, de ne
» point parler de cela. Mais du Reynel,
» bon ami?

» Soulanges, m'écriai-je, n'aurez-
» vous pas une idée, vous que la chose
» regarde si particulièrement ? — Moi,
» je m'en tiens à l'avis de madame d'El-
» mont. — Mais Soulanges, en admet-
» tant que je me détermine à l'instant,
» que faire à l'égard de du Reynel ? —
» Le mettre dans la confidence. — Fai-

» tes-moi rougir devant toute la terre ;
» vous savez combien je tiens aux bien-
» séances, et vous voulez....

» —Parbleu, mesdames et messieurs,
» il est bien extraordinaire que tous
» mes amis s'épousent et que je n'en
» sache rien. » C'est du Reynel, qui
arrive en trottinant, dépité autant que
peut l'être un gourmand dont le dîner
n'est point gâté. « Il était tout simple
» que Francheville, marié inopinément,
» ne me prévînt de rien. Mais vous,
» Soulanges, me cacher votre mariage
» et même votre amour ! J'apprends
» tout cela, où ? à l'office.

» —Mon cher du Reynel, vous con-
» naissez l'éloignement qu'a toujours
» marqué madame de Soulanges pour
» un second engagement. Elle a exigé
» que la cérémonie se fît secrètement,
» et que nous quittassions la ville en
» descendant de l'autel. C'est d'ici
» que nous ferons part au public de

» notre félicité, et, à notre retour, on
» aura épuisé les bonnes et mauvaises
» plaisanteries sur la versatilité des opi-
» nions. — Hé! qui vous empêchait de
» me dire tout cela en route? — Est-ce
» en courant la poste, au bruit des
» roues et des fouets qu'on parle d'un
» événement qui doit être annoncé avec
» une sorte de solennité? — Pourquoi
» Justine en est-elle instruite avant
» moi? — Il a fallu nous loger, et il
» n'est pas dans les convenances que
» les témoins de l'union la plus intime,
» ignorent qu'elle est consacrée par la
» décence et les lois. Nous avions fixé
» pour vous mettre dans notre confi-
» dence, le moment le plus intéressant
» de la journée, celui du dîner. C'est
» le verre à la main qu'il faut appren-
» dre un événement agréable ; c'est le
» verre à la main, qu'on chante digne-
» ment le bonheur des nouveaux époux.
» — Ma foi, Soulanges, vous avez rai-

» son; il faut savoir tout faire à propos.
» Nous trouverons l'épithalame au fond
» d'une bouteille de côte-rôtie. Je re-
» tourne là-bas. Il ne faut rien négliger
» pour fêter un tel jour; et flatter la
» sensualité, c'est ajouter à l'excellence
» des vins. »

Le bon homme que ce gros du Reynel! Il croit tout, pour se dispenser de rien discuter. Toujours occupé de la table, il n'aime pas à se distraire de son objet essentiel.

« Comment! ces gens que nous avons
» été voir ce matin, reviennent à deux
» heures! On ne peut être plus exact,
» ni plus importun. Nous sommes si
» bien nous quatre! Même position,
» mêmes penchans. L'amitié jette dans
» la conversation une aimable diversité.
» Madame d'Elmont et du Reynel nous
» suffisent. Ma Sophie, consentirons-
» nous à être deux heures sans parler
» amour, sans conduire Soulanges et

» sa femme aux autels que nous avons
» consacrés dans le parc? Justine, on
» n'est pas visible... Justine, Justine,
» faites entrer ceux qui sont là et ceux
» qui viendront. »

Je présente à chacun monsieur et madame de Soulanges. Les plus timides saluent ; les plus entreprenans embrassent ; la pauvre comtesse rougit, pâlit ; je la plains de tout mon cœur ; mais j'entends qu'elle épouse.

Après les premiers complimens, viennent les questions : « Monsieur et ma-
» dame ont sans doute aussi un château.
» Sans doute ils sont titrés. Y a-t-il long-
» temps qu'ils sont mariés ? Ont-ils des
» enfans ? » A cette dernière interpellation, madame d'Ermeuil ne sait plus quelle contenance tenir.

Une de ces dames observe, en souriant avec finesse, que, selon les apparences, monsieur de Soulanges ne tar-

dera point à être père. « Madame, je
» l'espère avec quelque raison. — Je se-
» rais enchantée, monsieur, d'être la
» première à vous féliciter. — Madame,
» je reçois votre compliment avec beau-
» coup de plaisir. » Madame d'Ermeuil
ne peut cacher son trouble, son extrême
embarras. Elle sort, en couvrant sa
jolie figure de son mouchoir.

« Ah! mon Dieu! madame se trouve-
» rait-elle incommodée? — Ma femme a
» une grossesse pénible. — Cela annonce
» certainement un garçon. — C'est en-
» core ce que j'espère. Je vous demande,
» mesdames, la permission de suivre
» mon épouse.

» Je vous demande celle, reprend
» Sophie, d'aller donner mes soins à
» mon amie. Permettez, mesdames, con-
» tinuai-je, que je donne un coup d'œil
» aux embellissemens que je dirige ici.
» Vous savez qu'il faut surveiller les

» ouvriers. — A qui le dites-vous, mon-
» sieur ? L'œil du maître, l'œil du maî-
» tre : il n'y a que cela.

» Hé bien, messieurs, vous triom-
» phez, nous dit l'aimable comtesse.
» Vous m'avez mise dans l'impossibilité
» de reculer d'un jour. Il peut arriver
» ici quelqu'un de Paris, et je ne m'ex-
» poserai pas à la confusion d'entendre
» toujours débiter des fables, ou d'être
» madame d'Ermeuil pour l'un et ma-
» dame de Soulanges pour les autres.
» — Ma chère amie, je me suis flatté
» que mon bonheur tient essentielle-
» ment au vôtre. — Hé ! sans doute,
» cruel homme. Mais je ne m'attendais
» pas à me rendre aussi promptement.
» — Observez, mon amie, que déjà les
» connaisseuses ont plus que des soup-
» çons. — Il était bien nécessaire de me
» répéter cela ! Vous partirez demain
» pour Paris. Vous disposerez tout en
» diligence ; vous obtiendrez que la cé-

» rémonie se fasse au point du jour, et
» vous reviendrez me prendre ici. Etes-
» vous content? — Je suis au comble de
» la joie.

» — Ma Sophie, tu vois, tu entends,
» et tu ne dis rien. — Bon ami, nous
» sommes si heureux ! que devrions-
» nous de plus au mariage ? — La certi-
» tude d'être à jamais l'un à l'autre. —
» Hé! ne suis-je pas à toi pour la vie ! —
» La satisfaction de pouvoir avouer notre
» tendresse.... — As-tu besoin de confi-
» dens ? Mon cœur ne suffit-il plus au
» tien ? — Tu verrais la calomnie désar-
» mée, l'estime, la considération re-
» naître. — Ton amour n'est-il pas au-
» dessus de tout cela ? Viens avec moi
» dans le parc. Ce lieu solitaire et ton
» amante, voilà ton univers ; tu me le
» disais encore ce matin. — Chère So-
» phie, je te prie, je te conjure... Elle
» m'échappe ; elle ne veut être que ma
» maîtresse ! Soulanges, madame la

» comtesse, voyez-la, parlez-lui. As-
» surez-la que le sentiment qui m'unit
» à elle est inépuisable, que j'ai pro-
» noncé mille fois un serment que je ne
» ferais que répéter. Représentez-lui
» ce qu'elle se doit à elle-même. » Ils
ne m'écoutent pas. Ils sont tout à leur
ivresse.... Ah! ai-je écouté Soulanges,
quand il a voulu me distraire de mon
amour?

Heureux Soulanges! il a surmonté
tous les obstacles. Il a réconcilié sa Del-
phine avec l'hymen, et moi.... moi!
j'ai trouvé comme lui la route des plaisirs, et n'y cueillerai-je que des fleurs,
lorsqu'il attend le plus doux, le plus
précieux des fruits?

J'allais descendre dans le parc, où
l'enchanteresse m'attend. Je voyais d'une
croisée Soulanges et la comtesse s'enfoncer lentement sous cet ombrage mys-
térieux. Quels sentimens nouveaux doivent les animer! Enfant chéri avant de

naître, déjà ils s'occupent de toi. Ils croient te voir, te presser de leurs bras caressans ; ils répondent à ton premier sourire.... « Monsieur, voici une lettre
» qui éclaircit bien des choses, et que
» j'ai cru ne devoir remettre qu'à vous.
» — Pourquoi cette préférence, Justine?
» — Un homme aimable n'est jamais
» rigoriste : tout embarrasse une femme
» sensible. — A qui donc est adressée
» cette lettre ? — A madame la comtesse
» d'Ermeuil. — Et tu l'as trouvée ?... —
» En rangeant les cartons de madame de
» Soulanges. » La friponne sourit d'un air malin.

« Cette lettre est ouverte. J'espère que
» tu ne l'as pas lue. — Pardonnez-moi,
» monsieur. — Lire une lettre qui ne
» t'est pas adressée ! — Monsieur la lit
» aussi ; je ne suis donc pas si coupable.

» Ma chère amie, je ne me rends pas aux raisons que vous opposez à Soulanges. Vous êtes dans une position à ne pas différer d'accepter sa main, et au lieu de vous rendre à ses instances, à des réflexions que m'a dictées l'expérience, vous partez aujourd'hui même avec lui, pour aller vous établir chez madame de Mirville... qui pense comme vous,.... se conduit comme vous,.... et dont les préventions soutiendront les vôtres.... »

Et Justine a lu cela ! Elle sait.... J'ai une envie d'éclater ! oh ! une envie ! Qu'y gagnerai-je ? Je lui donnerai de l'humeur, et il faut ménager ceux qui ont notre secret, soit que nous l'ayons confié, ou qu'ils l'aient surpris. Et puis elle est fort bien cette Justine : comment attrister cette figure-là ? Je prends cependant un air très-sérieux. « Jus-
» tine, surprendre le secret de ses maî-
» tres..... — Est d'une fille d'esprit.
» En abuser.... — Serait d'une bête.
» — Qu'en prétendez-vous faire ? —
» M'en servir. — Et comment ? — Je vais
» vous le dire, monsieur. Encouragée

» par votre gaieté, par vos manières fa-
» ciles à vous faire un aveu nécessaire ;
» retenue cependant par la crainte d'é-
» prouver quelque sévérité, j'ai fait,
» après avoir pris lecture de cette lettre,
» un raisonnement qui m'a tout à fait
» rassurée.

» Maîtres ou valets, nous avons tous
» nos faiblesses, et nous blâmons ou-
» vertement dans les autres celles dont
» nous ne sommes pas soupçonnés.
» Nous avons au contraire plus que de
» l'indulgence pour les fredaines de ceux
» qui connaissent les nôtres. — Finiras-
» tu ! — Hé bien, monsieur, ce que
» madame d'Ermeuil fait avec monsieur
» de Soulanges, ce que vous faites avec...
» — Tu l'as fait aussi de ton côté....
» — Avec le maître-d'hôtel, monsieur.
» Nous demeurions ensemble chez le
» comte de Sancy, avant que d'être à
» madame. — Hé bien, que m'importe
» cela ? — Il m'importe à moi que vous

» sachiez que je n'ai plus de lacets assez
» longs.... — Encore un enfant! mor-
» bleu, il n'y aura donc que moi.... —
» Vous en avez fait un aussi, monsieur.
» — Ah! Justine, si tu disais vrai!....
» je te donnerais.... — Vous n'avez pas
» remarqué ce cercle brun qui paraît
» quelquefois autour des yeux de ma-
» dame? vous n'avez pas vu ses lèvres se
» décolorer tout à coup?... — Ah! Jus-
» tine, ma chère Justine, si tu as de-
» viné.... — Que me donnerez vous?
» — Ton maître-d'hôtel. — Par-devant
» notaire? — Et par-devant l'église. —
» Voilà où m'a conduite la curiosité, et
» quoi qu'on en dise, monsieur, elle est
» bonne à quelque chose.

» — Ah ça, Justine, entendons-nous.
» As-tu parlé de cette lettre à quel-
» qu'un? — A personne, foi de fille
» d'honneur. — Tu n'en parleras à qui
» que ce soit? — Mon intérêt vous ré-
» pond de moi. — Pas même à ton maî-

» tre-d'hôtel ? — Il est bon de s'habituer
» d'avance à être discrète avec son mari.
» — Et tu continueras de marquer à ta
» maîtresse les mêmes égards, les mêmes
» prévenances. — Ne lui ai-je pas jus-
» qu'à présent prodigué tout cela ? —
» Mais jusqu'à présent tu ne savais rien.
» — Je savais tout. — Tu savais:... tu
» savais.... — Qu'un homme fait pour
» plaire, ne court pas après sa femme
» avec des habits d'emprunt ; qu'il n'a
» besoin de l'entremise de personne
» pour coucher avec sa femme ; qu'il ne
» commence pas les nuits avec sa femme
» à sept heures du soir ; qu'il ne s'en-
» ferme pas le jour avec sa femme ;
» enfin, qu'il n'aime pas sa femme au
» point de ne pas s'apercevoir qu'elle a
» une suivante de vingt ans, fort bien
» faite et très-éveillée. — Je te le répète,
» tu as de l'expérience. — Je vous l'ai
» dit, comme une veuve. — De com-
» bien de maris ? — Vous ne croyez

» pas que je réponde à cette question
» là.

» Adieu, Justine. — Adieu, mon-
» sieur. — Discrétion et prudence. —
» Mariages de tous les côtés. »

A quoi servent les calculs de la prudence, les mesures de sûreté avec un Figaro femelle, toujours inquiet, toujours en action, épiant, devinant tout, riant de tout ? Voilà un incident qui peut avoir des suites fâcheuses : et comment les prévenir ? Congédier cette fille, c'est provoquer son indiscrétion ; la garder ici, c'est condamner Sophie à rougir devant elle, à supporter une familiarité à laquelle se livrent insensiblement des inférieurs, qui, même en nous estimant, luttent sourdement et sans cesse contre notre supériorité. Il faut pourtant garder cette fille ou la renvoyer, et je ne sais auquel des deux partis m'arrêter.

Hé mais oui.... oui...., sans doute,

Déclarer à Sophie que tout est découvert, lui faire partager mes craintes, les lui exagérer même, c'est la mettre dans la nécessité de fixer un terme prochain à son humiliation et au scandale! Scandale! humiliation! une femme qui n'existe que par l'amour, qui ne vit que pour lui, qui appartient exclusivement à l'être heureux qu'elle s'est donné, est-elle inférieure à ces épouses froides, négligentes, infidèles même, que pourtant le monde accueille, caresse, paraît considérer? Tout est préjugé dans ce monde : l'homme naît son esclave; il vit et meurt sa victime.

La voilà, la voilà cette femme céleste, qui d'abord ne me préférait que sa vertu, et qui maintenant me préfère à tout. La voilà, belle de sa beauté, du calme d'un cœur pur, du souvenir d'une nuit délicieuse, de l'espérance du lendemain.... Dieu! grand Dieu!... Soulanges et la comtesse la soutiennent.... Je cours, je vole.... je respire ! Justine a deviné. Des maux de cœur !...

« Ma tendre, ma séduisante amie,
» l'amour a donc comblé tous mes
» vœux ! Il va doubler mes sensations
» et mon existence. Ah ! Sophie, quelle
» force nouvelle donnera cet enfant au
» lien délicieux qui nous unit déjà !
» C'est ton image, c'est une partie de
» toi-même que je tiendrai dans mes
» bras, que je mouillerai de douces
» larmes. C'est son heureux père que
» tu croiras presser sur ton sein, que
» tu couvriras de baisers, et Sophie et
» Francheville, attirés l'un et l'autre,
» penchés ensemble sur le berceau de
» l'enfant chéri, unissant leurs mains,
» confondant leurs âmes, répéteront
» avec attendrissement le serment de
» s'aimer toujours.

» Mais, mon amie, je te le demande
» à genoux, que mon enfant, le tien,
» ne soit pas, dès sa naissance, flétri

» par l'opinion. Tu lui dois le nom,
» l'état de son père : ne lui donneras-
» tu que la vie ? Non, tu rempliras tes
» devoirs dans toute leur étendue ; tu
» auras rempli celui que je te rappelle,
» avant de toucher au moment désiré
» et douloureux, qui ne laisse quel-
» quefois à une mère que le temps de
» bénir le fruit de son amour, et de
» dire à son amant un éternel adieu....
» Ah ! Sophie ! quel que soit l'événe-
» nement, tu ne diras pas : Il a formé
» un vœu que je n'ai pas écouté ; je
» le laisse avec son fils, et son fils n'a
» point de père.... Lève tes yeux char-
» mans, que ta main tombe dans la
» mienne, et dis-moi : Je me rends.

» — Ah ! Francheville ! ah ! mon
» ami ! je ne croyais pas.... Je ne pré-
» sumais pas..... Ma sécurité était en-
» tière.... Mirville, ardent, impétueux
» aussi, s'est vainement flatté.... Ah !
» tu devais pouvoir plus que lui, toi

» qu'on ne peut comparer à per-
» sonne!.... Bon ami, je ne rejette pas
» ta prière; mais je t'en conjure à mon
» tour, ménage des préventions qui
» t'offensent, et que je surmonterai
» peut-être. Attendons au moins que
» le temps confirme des espérances
» incertaines encore, attendons.....

» — Le temps, dis-tu! tu parais l'in-
» voquer et le craindre : tu ignores que
» sans cesse il s'arme contre toi. De-
» main on publiera dans ce village que
» nous bravons les bienséances et la
» pudeur, que, maîtres absolus de nous-
» mêmes, nous dédaignons la sanction
» que nous offre la loi. — Que dis-tu,
» bon ami! — La vérité. Justine a tout
» pénétré, tout jugé, et une lettre de
» madame de Rieulle à la comtesse,
» qu'elle a trouvée, qu'elle a lue, vient
» de l'éclairer sur les moindres détails.
» Elle aime le maître-d'hôtel, et cache-
» t on rien à ce qu'on aime ? Un se-

» cret, connu de deux personnes, est-il
» encore un secret? On peut les ren-
» voyer, aller chercher un autre asile;
» mais ceux qui les remplaceront se-
» ront-ils moins pénétrans, et quel
» serait alors l'asile où nous n'aurions
» point à rougir, où nous pourrions
» échapper à nous-mêmes?

» Que deux êtres qui se convien-
» nent, qui se sont ignorés long-temps,
» se rencontrent enfin, s'aiment et
» pleurent sur les institutions sociales
» qui s'opposent à leurs vœux les plus
» doux; que, las de combattre un sen-
» timent irrésistible, ils succombent
» enfin, ils auront conservé des droits à
» la pitié et à l'indulgence. Mais blesser
» les mœurs publiques, quand il
» n'existe point d'obstacle; rejeter le
» titre d'épouse, celui de bonne mère,
» de femme décente et estimable;
» n'opposer à la nature, à la raison
» que des craintes puériles, cette con-

» duite est d'une femme qui secoue
» toute espèce de joug, qui ne voit
» qu'elle, qui rapporte tout à elle, et
» cette femme est coupable.

» Sophie, je tombe à tes pieds pour
» la seconde fois. Mes amis, secon-
» dez-moi; tâchons de la fléchir. Sup-
» pliez-la pour elle, pour moi, pour
» mon enfant. Elle se penche molle-
» ment sur moi; sa joue touche ma
» joue; sa main cherche lentement la
» mienne.... La voilà, je la tiens, je
» triomphe, Sophie est ma femme.

» — Mon ami, je perdrai ton amour,
» je le sens; je le sais; mais les cir-
» constances sont impérieuses; je ne
» résiste plus.

» Oui, je serai ta femme. Je sacri-
» fie à ton fils mon bonheur et mon
» repos. Nourri de ma substance, il
» aura aspiré mes sensations avec elle.
» Il t'aimera comme je t'aime; je le
» placerai entre nous, et quand mon

4

» amour et ma constance te paraîtront
» fatigans et pénibles, je lui dirai de
» te demander grâce pour sa mère, et
» tu ne le repousseras pas.

» Pars demain avec Soulanges, fais
» toutes les diligences nécessaires, et
» reviens prendre cette main et me
» conduire à l'autel. Hélas! cette main,
» mon cœur, tout n'est-il pas à toi?
» que me reste-t-il à t'offrir! »

Je m'efforce de dissiper ses craintes, de lui inspirer de la confiance. Je lui répète ce que je lui ai dit cent fois, ce qu'elle n'a pas écouté.... Elle n'était pas mère alors. Je parviens à la faire sourire d'espérance.... ou d'amour. J'arrondis mon bras autour d'elle; je la soutiens, je la conduis. Je cherche l'herbe la plus fine, la plus molle. C'est moi seul qui, à mon retour de Paris, lui donnerai des soins, qui veillerai sur elle, qui en écarterai les objets, les idées même fatigantes ou pénibles, qui entretiendrai dans son âme cette joie douce qu'accompagne toujours la santé.

Nous rentrons au château : les importuns sont sortis. Nous pouvons nous livrer sans réserve à l'allégresse, à l'amour, à l'amitié. Je présente à madame d'Elmont ma femme et mon fils. Ma femme! que je suis aise de pouvoir enfin la nommer ainsi! J'embrasse tendrement sa bonne mère. Je lui raconte mes combats, la résistance de Sophie et ma victoire.

Madame d'Elmont me félicite : elle partage tous mes sentimens. Elle m'appelle son fils, son cher fils, le restaurateur de la réputation de sa fille bien aimée.... Elle observe cependant qu'elle ne se doutait point, il y a quelques mois, qu'il fallût employer un pareil moyen pour ramener Sophie à la raison et à l'hymen.

Il est décidé que ce jour sera un jour de fête, non de ces fêtes où on n'entend que du bruit, où on ne voit que du monde et des fusées, où on se fatigue sans s'amuser. Cette fête sera celle de toutes les affections; elle ne sera que pour nous : l'indifférence serait déplacée ici.

Justine vient recevoir nos ordres. Elle est ce qu'elle doit être : point de légèreté offensante, point de respect affecté. Cependant Sophie baisse les yeux ; elle rougit. Justine s'approche d'elle, lui parle bas. Les yeux de Sophie se relèvent; elle répond quelques mots : Justine sort.

« Chère amie, que t'a-t-elle donc dit?
» — Que l'amour doit être une vertu
» dans mon cœur, qu'elle seule a be-
» soin d'indulgence, et qu'elle me prie
» de la protéger. — Oui, ma Sophie,
» nous la protégerons : que ce jour soit
» pour elle aussi un jour de fête....
» Quelle différence inconcevable dans
» la manière de voir les choses! Une

» femme repousse un lien respectable;
» il est l'objet des vœux d'une autre.
» Il faut combattre, vaincre l'une, et
» l'autre demande appui et protection.
« — Bon ami, la seconde ne veut qu'être
» mariée; moi, je veux te plaire tou-
» jours. Arrange ce mariage qu'elle dé-
» sire tant, et puisse son lit nuptial
» n'être pas le tombeau de l'amour! ».

Voyons si Justine m'a tenu sa parole; si elle a été discrète, si je peux compter que, pendant mon absence, Sophie ne sera pas en butte au sarcasme, au mépris.

Je cherche, je trouve le maître-d'hôtel; et, au risque de l'entendre me répondre : monsieur en a bien fait autant, je prends le ton d'un homme indigné de l'inconduite de ses gens. Il rougit, pâlit, balbutie; il ne sait rien. Je le presse; il avoue ce qu'il appelle son crime, mais il ne paraît pas très-disposé à le réparer : il est doux de pécher; il est dur de faire pénitence. J'éclate, je tonne. Je parle du respect dû à ma maison, de l'audace du séducteur de la femme de confiance de madame de Francheville. Je fais valoir les agrémens de la petite, sa gaieté, son esprit, et j'appuie sur deux mille écus de dot que lui donne sa maîtresse.... C'est un peu cher; mais il faut payer la discrétion de Justine.

Deux mille écus dérident bien des fronts, et je m'aperçois que le maître-d'hôtel préfère la dot à la femme. Il convient enfin que Justine est fort intéressante; mais il ajoute qu'elle est excessivement sensible, qu'elle l'est depuis quelques années, et qu'il est à craindre qu'elle le soit encore long-temps. Au reste, il s'expose volontiers à tout, pour prouver à madame et à moi sa soumission et son respect.

Ces deux êtres, comme tant d'autres, se sont pris, parce qu'ils se sont trouvés là au premier coin. Sans soins, sans inquiétudes, les facilités, l'habitude leur ont tenu lieu d'amour. Ils vont s'épouser, et dans six mois ils ne pourront plus se souffrir; ils le prévoient, n'importe : Justine aura un mari, et son mari de l'argent. C'est un manteau bien commode qu'un mari; c'est un consolateur bien sûr que l'argent.

Du Reynel ne conçoit rien à la gaieté qui nous anime tous. Il remarque que Justine elle-même fait tout en riant, en chantant, en sautant. Soulanges et moi lui faisons cent contes, et il rit sans savoir de quoi. Il rit parce que Sophie, la comtesse, madame d'Elmont rient. Elles s'amusent des à-propos, des mots à double sens, que le gros garçon voudrait avoir l'air d'entendre. Que de gens sont mystifiés et ne s'en doutent pas !

Du Reynel ne rit plus, quand il apprend que Soulanges et moi partons demain. Il devient rêveur, lorsqu'il sait que le maître-d'hôtel a des affaires urgentes qui l'appellent à Paris. Il ne conçoit pas qu'une maison puisse être tenue sans un maître-d'hôtel, et il ne peut exister que dans une maison montée. C'est un très-bon garçon que du Reynel; mais il n'est jamais l'ami du maître; il est toujours celui du château. Il nous propose de le prendre avec nous. Nous le prendrons : nos dames n'auront rien à dissimuler ; elles s'occuperont librement de nous, de nos projets, de notre retour.

Nous avançons cette nuit, que doivent suivre des nuits solitaires et perdues. Les voiles, les rideaux tombent, et l'amour nous attend. La beauté sourit à son vainqueur, l'attire, le provoque pour lui sourire encore.......
« Ah ! soupire enfin Sophie, que feras-
» tu de plus quand tu seras mon
» mari ! »

Je m'arrache de ses bras au lever de l'aurore. Je n'ai pas dormi un instant : le bonheur vaut mieux que le sommeil. Je m'élance dans la berline ; je franchis l'espace, je m'éloigne d'elle : c'est pour la retrouver bientôt, et ne la quitter jamais.

Je crois n'avoir rien oublié. J'ai sa procuration ; je l'ai priée d'ouvrir mes lettres, et de me renvoyer à Paris celles qui seront de quelque importance.

Du Reynel nous gêne beaucoup. Nous ne pouvons dire un mot de l'affaire essentielle ; mais nous parlons amour, nous en parlons encore, et ici amour veut dire mariage, félicité inaltérable.

Du Reynel ne croyait pas qu'on pût aimer ainsi. Nous sommes, dit-il, les seuls époux de sa connaissance qui ne respirent que pour leurs femmes ; mais ce que nous éprouvons, il peut l'éprouver aussi, et nous lui donnons envie de se marier. Je ne le lui conseille pas : le chapitre des accidens et très-long cette année, et la fille la plus sage ne veut pas s'être mariée sans s'en apercevoir.

Du Reynel voudrait trouver une demoiselle de dix-huit ans, il en a cinquante ; jolie, il n'est pas beau ; aimable, il ne l'est que le verre à la main ; qui ait des talens, il ne sait ce que c'est ; qui l'aime, cela ne se peut pas ; qui soit riche, il a déjà soixante mille livres de rente. Il veut qu'on lui donne tout, et il n'a rien à offrir. Les hommes sont faits ainsi : ridicules, faiblesses, voilà notre héritage à tous, et assez ordinairement nous nous moquons de nos pères.

Pendant que du Reynel fait des projets, moi je m'endors : c'est ce que je peux faire de mieux.

Je ne fais qu'un somme de Montmirel à la Ferté. Soulanges me secoue, m'éveille. Du Reynel est déjà à la cuisine : qu'il épouse une casserole.

Nous déjeunons, nous repartons. Je reparle amour ; le flegmatique Soulanges ne répond plus que par oui et par non. Du Reynel digère en silence : il jouit. Je me rendors. Il y a des gens qui ne dorment que dans leur lit; je ne dors plus qu'en courant la poste.

Je suis étonné de me trouver à ma porte. Mon suisse me reçoit avec un visage à la glace. Le drôle est rancuneux : il se souvient que je l'ai attrapé. Mon bon George ne sait que m'aimer et m'accueillir. Il ne m'offre pas ses services : il prévoit tout, et il agit.

Nous convenons, Soulanges et moi, que nous vivrons, que nous logerons ensemble, que nous ne nous quitterons pas, et que nous ne cesserons de nous occuper de notre affaire.

Dès le premier jour, notre mariage

est affiché à la maison municipale ; le notaire a reçu ses instructions, la marchande de mode ses ordres. C'est d'elle que nous aurions dû nous occuper d'abord ; je demande pardon aux dames d'avoir cru qu'il est quelque chose de plus important que des modes.

Le lendemain, monsieur le maire nous promet de nous unir à cinq heures du matin : c'est un aimable homme que monsieur le maire. Le curé sera prêt à six heures : on le paiera un peu plus cher.

« Hé bien, Soulanges, que nous res‑
» te‑t‑il à faire ? — Mais rien, je crois.
» — Ah ! des billets imprimés à cinq
» cents, à cinq mille. J'en enverrai à
» toute la France. Je veux que tout le
» monde connaisse et envie mon bon‑
» heur. Hé ! bon Dieu, j'oubliais... —
» Quoi donc ? — L'essentiel, les dia‑
» mans. — Elles en ont déjà beaucoup.
» — J'en couvrirai Sophie. Ces femmes

» frivoles ne désirent ni son cœur ni
» ses qualités. Jalouses de ses charmes,
» elles le seront encore de sa parure,
» et rien ne tourmente plus ces femmes-
» là que la beauté qu'elles n'ont point,
» que le faste qu'elles ne peuvent
» égaler.

» George, amène-moi le joaillier de
» la cour. Nous jaserons en l'atten-
» dant. » Soulanges trouve tant de luxe
inutile. « Une jolie femme, dit-il, n'est
» jamais mieux qu'en bonnet de nuit.
» Oui, pour nous, mon ami. Mais
» nous ne promenerons pas nos fem-
» mes en bonnet de nuit, et le monde
» est si bête ! il admire, il respecte si
» exclusivement ce qui brille ! La con-
» sidération des sots est peu de chose,
» je le sais ; mais les neuf dixièmes de
» la société se composent de ces gens-
» là, et malheur au mérite modeste,
» sans art et sans entourage !

» Ah ! voyons, monsieur, ce collier...

» Il fera valoir une gorge divine, et ne
» la cachera point. Ces boucles d'oreil-
» les.... elles ne nuiront pas à l'effet
» d'une figure enchanteresse. Des bra-
» celets?..... Oh! non, non, ils empê-
» chent de saisir l'ensemble d'un bras
» arrondi; ils le cassent en deux. Des
» bagues? Point de bagues. Cette jolie
» main m'appartient; j'aime à la cares-
» ser à tous les instans du jour ; elle ne
» disparaîtra point sous des pierres. Un
» simple anneau d'or. Je me complairai
» à le voir, à le toucher. Il me dira : So-
» phie est à toi, et Sophie est heureuse.

» Un diadême..... Oui, oui. Celle
» qui règne sur mon cœur doit porter
» les attributs de la toute-puissance. —
» Mais voyez donc, Francheville, dans
» quelle dépense vous me jetez. — Moi,
» mon ami, je ne vous engage à rien.
« — Je suis perdu si la comtesse a un
» diamant de moins que madame de
» Mirville. — Cher Soulanges, vous ne

» vous perdrez pas. Satisfaire les goûts
» d'une épouse chérie, n'est-ce pas
» tout faire pour soi? Choisissez, ré-
» glons; monsieur finira avec nos gens
» d'affaires.

» Nous avons tout préparé, tout ar-
» rangé, ce me semble. Et en deux
» jours, c'est employer le temps. —
» George, des chevaux de poste. —
» Quoi! déjà!—Sophie m'attend, je ne
» puis vivre sans elle, je compte les
» minutes, je n'en perdrai pas une.—
» Courir la nuit!—Nous dormirons le
» jour. — Arriver fatigués, harassés!
» —Je suis infatigable. — Moi, je ne
» le suis pas. — Hé bien, je partirai
» seul. — Bon Dieu! que dirait la
» comtesse si vous arriviez une heure
» avant moi! — Mon ami, je désire
» pour elle et pour vous que nous ha-
» bitions long-temps ensemble. — Vous
» croyez être toujours amant. — J'en
» suis sûr. George, des chevaux, des

» chevaux à l'instant. Va, cours...;
» George, mon bon George, reste,
» envoie Philippe et qu'il vole. »

Toutes les observations de Soulanges sont perdues, sa résistance inutile : nous voilà partis. Je croyais qu'un mariage à arranger est une chose interminable, et j'ai prié Sophie d'ouvrir mes lettres.... Si elle m'en a renvoyé quelques unes à Paris...... Hé bien, elles reviendront en Champagne.

A chaque relais, j'éprouve une satisfaction, un bien-être que je ne peux exprimer. A mesure que je me rapproche de la femme adorée, ma joie, mon empressement augmentent; je passe de l'enchantement à l'ivresse.

Montmirel est derrière nous; j'aperçois le clocher du village; encore une heure, et je serai dans ses bras. Avec quelle légéreté elle franchira les degrés, le péristyle, quand elle entendra, quand elle verra la voiture! Que je vais la trouver belle de quarante-huit heures d'absence, d'amour et de désir!

Nous sommes dans l'avenue...Presse tes chevaux, fais donc raisonner ton fouet... Encore... encore... toujours... On doit nous entendre, on nous entend sans doute, et Sophie ne paraît point! « Soulanges, qu'y a-t-il? Que » peut-il être arrivé pendant notre » courte absence?.... » La comtesse vient au-devant de nous, et elle est seule!....

J'éprouve un serrement de cœur affreux.

« Par grâce, madame la comtesse, » tirez-moi de la plus cruelle incerti- » tude. Où est-elle?.... que fait-elle?.... » —Elle est au château ; sa santé n'est » point altérée.—Sa santé n'est point » altérée, et je ne la vois pas! Quel » motif l'arrête, la retient?—Je vou- » drais... je ne sais... — Vous savez » tout, madame, et vous êtes sans pi-

» tié.—Depuis hier elle est profondé-
» ment affectée.—Qu'a-t-elle ? au nom
» de Dieu, qu'a-t-elle ? — Une lettre,
» qui vous est adressée, qu'elle a lue...
» —La calomnie s'arme-t-elle aussi
» contre moi ? Je vais la combattre, en
» détruire les effets... » Je ne me possède plus, je cours, j'arrive, j'entre.

Elle est couchée sur son ottomane.
Elle m'entend, elle me voit, elle ne
se lève point ; ses bras restent fermés !
On m'a perdu, on a voulu me perdre
dans son esprit, dans son cœur ; mais ce
cœur est à moi, et je suis fort de mon
innocence.

« Sophie, qu'a-t-on pu écrire, qu'as-
» tu pu croire, lorsque tu sais que tout
» mon être t'appartient exclusivement,
» que je n'ai pas une pensée qui ne
» soit inspiration d'amour, qui ne se
» rapporte à toi ?... Sophie, injuste So-
» phie, tu reçois mes baisers ; tu ne
» me les rends plus ! Explique-toi, je

» t'en supplie; ne me laisse pas en proie
» à cette affreuse anxiété.

Elle essuie une larme furtive; elle prend un air solennel. « Monsieur, me
» dit-elle..... — Monsieur, moi! je ne
» suis donc plus pour toi qu'un homme
» ordinaire ! Tu brises donc les liens
» charmans qui nous unissaient ! Tu
» crois pouvoir survivre à cette rup-
» ture !....

» — Dans la position où je suis, je
» m'occupe peu de ce que je devien-
» drai; et cependant je ne suis pas éton-
» née du malheur qui m'accable : une
» femme sensible est perdue du mo-
» ment où elle suppose qu'il peut exister
» un homme de bonne foi. — Sophie, tu
» te fais un jeu cruel de froisser, de dé-
» chirer mon cœur! Que signifient ces
» inculpations vagues, ces réticences
» qui n'éclaircissent rien, et qui à cha-
» que seconde ajoutent à ce que je
» souffre? Je le répète, je suis inno-

» cent, et pourtant je suis à tes pieds ;
» je mouille tes mains de mes larmes,
» et tu te tais ! Parle, cruelle, parle donc,
» ou je meurs de ta peine.... Tu veux
» en vain la dissimuler.... Je la vois, je
» la sens.... Tes pleurs se mêlent aux
» miens.... »

Elle n'a plus la force de cacher sa douleur ; sa fierté l'abandonne ; elle est plaintive et suppliante..... Que veut-elle, que me demande-t-elle ? Ma vie lui appartient : je la donnerais, je crois, pour la voir sourire encore de tendresse et de volupté.

De dessous un des coussins de l'ottomane, elle tire une lettre ; elle me la présente.... J'ai vu la signature. J'ai frissonné, j'ai pâli. Je tombe dans un état où les secours de Sophie me deviennent indispensables. Elle daigne me les prodiguer des mêmes mains qui ont mis dans la mienne la preuve irrécusable de ma faute ! Avec quelle

amertume je me la suis reprochée !
Quels remords l'ont suivie ! Ah ! je le
vois, le remords n'est pas une expiation.

Ma tête est penchée sur ses genoux ;
elle la soutient ; j'ai cru sentir sa joue
effleurer la mienne.... elle ne me hait
donc pas !

« Monsieur ,

Le bonheur a fui loin de moi, et
il est toujours présent à ma pensée.
Les époques s'éloignent, et il vous sera
facile de les oublier au sein des jouissances. Il est pour moi de la plus haute
importance que vous n'ayez pas plus
tard un doute à former. Je dois vous
rappeler que vous seul pouviez me rendre mère ; je veux que vous sachiez que
j'ai la certitude de le devenir.

» Je ne demande rien, je ne prétends rien que la justice que vous devez
à mon dévouement absolu.

» Je tiens de votre générosité une aisance à laquelle j'étais loin de prétendre : j'élèverai mon enfant, il ne passera pas aux mains d'une étrangère.

» Le premier mot qu'il prononcera sera votre nom. Le premier sentiment qui animera son cœur sera l'amour de son père.

» Vous aurez d'autres enfans peut-être, qui, par l'effet des institutions sociales, vous toucheront de plus près. Puissent-ils ne pas vous rendre les caresses de celui-ci désirables, nécessaires ! Puissiez-vous n'avoir jamais besoin de son appui et des consolations de sa mère !

» Je me suis engagée à respecter le nœud qui vous lie : cette lettre est la dernière que je vous écrirai. Je ne vous verrai plus : l'éternité, qui rompt tous les liens, a commencé pour moi.

FANCHETTE. »

Je restai anéanti et silencieux. Qu'alléguer contre un fait avéré ? Je n'osais lever les yeux sur elle ; j'attendais qu'elle parlât ; elle se taisait ; elle attendait elle-même : c'était à moi à me justifier. Peut-être elle espérait que je pourrais le faire ; peut-être elle se flattait que j'opposerais au moins des circonstances atténuantes à une accusation positive ; peut-être m'estimait-elle encore assez pour ne pas douter qu'un déni formel et fondé.... Oui, je peux nier et je serai cru. Mais Fanchette a conservé toutes les qualités indépendantes d'une faiblesse ; elle possède encore une sorte d'honneur : je n'ai pas le droit de l'en dépouiller, je n'en ai pas la volonté.

Quoi ! pour recouvrer la confiance de Sophie, je lui présenterais celle que j'ai tant aimée comme une femme sans retenue, qui cherche avec impudeur un père au fruit du libertinage ! Jamais, mais Je ne dégraderai pas l'autel où j'ai sacrifié. J'avouerai ma faute ; j'en solliciterai le pardon ; je l'obtiendrai : ma grâce est dans son sein.

« Sophie, m'écriai-je, ma Sophie!...
» — Je ne suis plus la Sophie de per-
» sonne.... » Deux ruisseaux de larmes s'ouvrirent à l'instant. Elle voulut les cacher et fuir : je me traînai après elle ; je la suivais sur mes genoux ; je l'arrêtais par une main qui m'échappait ; je saisissais le bas de sa robe, un pied dont je baisais la poussière.... « Lais-
» sez-moi, monsieur, laissez-moi.....
» Avec quelle facilité vous vous êtes
» joué de ma bonne foi! Avec quelle
» cruauté vous avez triomphé peut-
» être ! Hélas! toute à vous, pouvais-
» je rien soupçonner? Douter de vous
» m'eût paru un crime. Et vous, té-
» moin de mon aveugle confiance, vous
» n'avez rien accordé à ma candeur ;
» vous n'avez pas même pensé qu'un
» retour sur vous-même me fût dû.

» Les vertus dont vous vous parlez n'é-
» taient qu'un masque qui cachait la
» plus cruelle, la plus inexcusable per-
» fidie.

» Et cette fille dont je louais le zèle,
» l'intelligence, le dévouement, affec-
» tait tout pour saisir la moindre cir-
» constance, la tourner à son avantage,
» faire naître celle dont elle avait besoin.
» Elle recevait les marques de ma crédule
» affection sans honte, sans rougir. Je
» les lui accordais peut-être au mo-
» ment même où elle sortait de vos
» bras.

» J'avais tort de craindre, d'éviter le
» mariage ! Les raisonnemens les plus
» solides n'étaient à vos yeux que des
» préventions. Répondez-moi, homme
» pervers et dissimulé, quelle sera
» maintenant la garantie de votre
» épouse ? Amant infidèle, que lui ré-
» servez-vous ? Les perfidies, l'aban-
» don, les mauvais procédés peut-être,

» voilà ce que je prévois, ce qui m'at-
» tend, et ce que je ne peux éviter :
» chaque jour, chaque moment ajoute
» à la certitude que j'avais d'être mère.
» J'ai fait à cet enfant le sacrifice de ma
» vie ; je ne le révoquerai pas.

» — Ah ! Sophie, comme vous me
» traitez ! votre ressentiment est juste,
» mais il vous égare. Non, je ne suis
» pas l'homme que vous dépeignez. J'ai
» été faible, coupable sans doute ; je
» ne serai jamais un monstre. Et cette
» bonne, cette sensible Fanchette que
» vous écrasez du poids.... — Il ne vous
» reste plus qu'à la défendre. — Je l'o-
» serai. Fanchette, libertine, avilie,
» n'eût jamais été dangereuse pour moi.

» — Il la défend, le cruel ! et peut-
» être pendant son séjour à Paris, il la
» cherchait, la trouvait, m'outrageait
» avec elle ! — Soulanges!... mon ami!...
» Soulanges, venez, entrez, écoutez,
» et rendez-nous justice à tous.

» Vous avez mes secrets les plus in-
» times : ma liaison avec Fanchette a-
» t-elle été la suite d'un plan, d'une
» intrigue, d'une volonté déterminée ?
» Le hasard, des circonstances impré-
» vues, et un tempérament de feu n'ont-
» ils pas tout amené ? — Un tempéra-
» ment de feu ! Et n'ai-je pas des sens
» aussi ? dois-je seule les maîtriser ? —
» Soulanges, répondez : depuis que So-
» phie m'a tout accordé, ai-je eu une
» pensée, ai-je formé un vœu dont elle
» ne fût l'unique objet ? Vous ai-je
» quitté un instant pendant votre sé-
» jour à Paris ? Ai-je prononcé une fois
» le nom de Fanchette ? Ai-je perdu une
» minute pour me rapprocher de So-
» phie ? N'ai-je pas précipité les affaires
» les plus importantes ? Ne vous ai-je
» pas entraîné ? N'avez-vous pas vu ma
» joie, mon ravissement s'accroître à
» mesure que nous avancions ; et, lorsque
» je croyais retrouver ici l'amour et ses

» délices, je ne rencontre qu'un juge
» sévère, qui prononce sur des fautes
» commises, et qui d'avance m'impute
» des crimes. Mon ami, elle prévoit, elle
» redoute l'infidélité, l'abandon, les
» procédés méprisans et barbares; et
» vous savez que je rachèterais de mon
» sang le mal que je lui ai fait. J'en
» paierais l'oubli de mille vies, si j'en
» pouvais disposer. Sophie, je suis re-
» pentant, affligé, désolé. Par pitié
» pour tous deux, pardonnez, oubliez...
» — Je vous ai aimé, c'est un malheur ;
» je vous aimerai toujours, c'en est un
» plus grand encore. L'amour se plaint ;
» il ne sait pas punir. Pardonner est
» facile ; mais oublier ! L'indifférence
» seule oublie.

» Je crois à la sincérité de vos regrets.
» Mais ils ne peuvent effacer le passé,
» ni me rassurer sur l'avenir. Il ne dé-
» pend plus de vous de me rendre heu-
» reuse. »

Elle retombe accablée sur cette ottomane, où elle avait déjà mouillé de ses larmes cette lettre fatale qui a détruit son bonheur. Je la reprends cette lettre ; je la présente à Soulanges. « Lisez, mon » ami, lisez, et dites si ces sentimens » sont d'une femme méprisable. »

Soulanges lit et prend la parole. Il s'exprime en homme désintéressé, il blâme ma faiblesse, mais il soutient que les circonstances ont tout fait. Il remarque que Fanchette, revenue de son ivresse, respecte madame de Mirville et ses droits. « Que peut faire de » plus une femme qui s'est oubliée ? et » comment une jeune fille, indépen- » dante de tout, même de l'opinion, » qui n'a jamais aimé, qui rencontre » Francheville, peut-elle s'occuper de » la raison ou du devoir ?

» — Hélas ! je ne méprise point Fan- » chette. Elle a comme moi des yeux et » un cœur, et comme elle j'ai été faible.

» Cependant elle connaissait mon
» amour; je l'ai laissé éclater devant
» elle, et elle a consenti à un partage
» humiliant. Non, elle n'est point
» exempte de reproches. Je ne lui en
» fais pas, je n'en ferai à personne. Hé!
» comment blâmer celles qui s'attache-
» ront à lui, lorsque je ne peux l'ar-
» racher de ce cœur, horriblement
» froissé ? Partout il trouvera des objets
» faits pour plaire. Sa taille, sa figure,
» le son de sa voix, l'esprit, les talens,
» tous les prestiges, s'uniront contre la
» jeunesse et la beauté, et moi je ne serai
» plus que sa femme!... Cependant
» je n'ai pas vingt ans, je suis jolie. J'ai
» été aimée, poursuivie. J'ai tout refu-
» sé, tout dédaigné. Je me suis livrée
» en aveugle au seul homme qui pût me
» plaire. Je me flattai d'être aimée uni-
» quement, je devais le croire, et cet
» homme est incapable de se fixer. »

Je ne prolonge plus une inutile dé-

fense ; je ne parle plus à son jugement. C'est son cœur, ce cœur, foyer précieux des plus tendres, des plus purs sentimens, que j'attaque, que je presse. C'est l'amour que j'invoque, c'est lui qui s'exprime par ma bouche ; j'ai ses expressions rapides et brûlantes. Sophie se tait, mais elle écoute. Je reprends sa main ; elle ne pense plus à la retirer. Le sourire reparaît sur ses lèvres ; mais ce sourire est mélancolique et froid. « Quel empire il a sur
» moi, dit-elle ! avec quel art il sait
» tromper !...... Par grâce, permettez
» que je me recueille, que je revienne de
» l'émotion, du trouble, où cette scène
» m'a jetée. Vous-même avez besoin de
» vous remettre : votre tête est fatiguée.
» — Ma tête, madame, ma tête ! — Ah !
» si vous êtes vrai, que de peines dans
» deux cœurs qui n'auraient dû connaître que le plaisir ! »

D'une voix timide je demande un

baiser; elle me repousse doucement, mollement. J'insiste : Soulanges me prend, m'entraîne : « Ne forcez point » ce cœur qui brûle de revenir à vous. » Laissez à l'amour-propre quelques » heures de résistance. »

Je sors, je m'enfonce dans ce parc, naguère l'asile des plus délicieux mystères. Je n'y exhale que les soupirs de la douleur.

Justine me cherche; elle m'apporte une lettre qu'elle a cru devoir soustraire, après avoir vu l'effet de la première. « Ah! Justine, ce n'est pas celle-» ci qu'il fallait lui cacher. »

Justine veut causer; elle croit la gaieté toute-puissante : la gaieté blesse l'être qui souffre. Je ne réponds pas ; Justine s'éloigne.

De qui peut être cette lettre ?...... Ah! c'est Eustache qui m'écrit; je l'ai marié; il me doit son bonheur et la satisfaction d'être bientôt père. Je mettrai le comble à mes bienfaits : je nommerai l'enfant de sa petite Claire.

Toujours des enfans! Partout des enfans! Là on se félicite, on se réjouit; on attend avec impatience le présent de l'amour; ailleurs on gémit d'avoir été heureux. Si on l'osait, on imputerait à l'enfant même le mal qu'il a fait avant de naître. Et pourquoi lui rien imputer? Pourquoi souffrirait-il plus tard des fautes de son père? Qu'importe qu'une vaine cérémonie ait précédé ou non sa naissance? N'y avait-il pas des hommes avant le mariage, et ceux-là repoussaient-ils les fruits de leur amour?

Et sa mère, sa bonne, son aimante, j'ose trancher le mot, sa vertueuse mère, m'appellera en vain au milieu de ses douleurs. Isolée, ou environnée d'êtres indifférens, elle n'aura personne pour la plaindre, l'aider à souffrir, recueillir avec elle le premier cri de l'enfant !....... Je l'entends ce cri qui doit retentir au fond du cœur d'un père ; je vois Fanchette porter sur moi un œil calme et satisfait. Elle me présente mon fils; je le prends, je le presse sur mon sein, et elle oublie ce qu'elle a souffert.

Préjugés, institution des hommes, disparaissez dans la nature. Non, je ne condamnerai pas à l'abandon, à l'oubli, une fille charmante, qui n'est coupable que de m'avoir trop aimé. Quelle femme est plus vraie, plus sensible, plus dévouée, plus séduisante ! Quelle autre a répandu sur moi une plus grande masse de bonheur ! Ses droits ne sont-ils pas plus anciens, et aussi respectables que ceux........ Et parce qu'elle est sans famille, sans considération, sans fortune, je lui préfère... Oh! le monde, le monde ! on le méprise et on le craint ; on croit le braver, et on fait tout pour lui.

Je serai homme dans toute l'acception du mot; je romprai les barrières que l'ordre social a élevées entre l'équité et moi ; je serai juste envers tout le monde, et Fanchette, ma Fanchette....

Qu'ai-je dit ? Que vais-je ajouter ? Malheureux, n'as-tu pas une Sophie à qui tu as tout promis, à qui tu es déjà lié par tes démarches? T'aime-t-elle moins que Fanchette ? Auras-tu la cruauté, l'injustice d'appeler le déshonneur sur sa tête ?

Insensé que je suis, faible jouet des passions, me voilà donc réduit à choisir une victime ! Toutes deux me sont également chères : laquelle immolerai-je ?......

Tu pleures, misérable, tu te repens !...... Larmes tardives! vain repentir !.....

Je n'ai avec Fanchette aucun engagement. Jamais je ne lui ai dit un mot qui pût autoriser des espérances.........

Elle a tout fait pour l'amour; seul il a suffi à sa félicité; elle l'a dit, écrit, et aujourd'hui encore elle ne demande rien...... Hélas! le malheureux condamné à perdre la vie ne demande pas grâce; il l'espère, il l'attend.

Mais Fanchette me croit marié comme tout le monde. Elle respecte, dit-elle, le nœud qui me lie: elle est donc résignée, et sans espoir..... Oui, résignée à me regretter, à souffrir, à user ses beaux jours dans les privations et les larmes...... Jeunesse, beauté, qualité du cœur, rien n'a pu la sauver de l'infortune; ses charmes même ont été l'instrument de sa perte, et son malheur est sans remède.

Sans remède!....... Il en est un; tu le connais, ta conscience te parle, ton cœur te pousse..... Et Sophie, Sophie!

Je ne sais ce que je dis, ce que je pense, ce que je veux. Un voile épais s'étend sur mes yeux, sur mon imagination. Je tombe sur un tertre, incapable de lier deux idées, et de prendre une détermination.

Qui vient à moi ?....... C'est une femme...... c'est elle, c'est Sophie...... Il était temps.

CHAPITRE IV.

Le Mariage.

« Vous voilà seul, affligé, et moi qui
» suis vraiment malheureuse, je vous
» cherche pour vous consoler.........
» Mon ami, voyez-moi, parlez-moi;
» si vous pouvez vivre sans moi, je ne
» peux vivre sans vous....... Ta poi-
» trine est oppressée, ton œil éteint....
» Reviens à toi, à ton amante, à ton
» épouse. J'ai été dure dans mes ex-
» pressions : la douleur a de l'énergie;
» elle ne calcule pas les mots, et tu
» n'es pas sans indulgence...... Pense,
» bon ami, que c'est l'offensée qui re-
» vient, qui voudrait oublier, qui ne le
» peut, mais qui est toujours pleine de
» toi. »

Quel besoin j'avais de l'entendre! Je ne saisissais rien de ce qu'elle m'adressait. Mais sa voix me calmait, me ramenait à elle, tout à elle........ à elle pour jamais. Je la regardais avec un sentiment délicieux. Elle avait cessé de parler, et j'écoutais encore.

Elle s'assied près de moi ; elle prend ma main ; elle y porte ses lèvres......... C'en est trop. C'est à moi qu'il convient d'être suppliant, respectueux. Je tombe à ses genoux ; l'amour, le repentir, cherchent des expressions : celles du cœur ne suffisent-elles pas à qui sait les entendre? Elle me sourit, et cette fois, c'est d'amour et de désir. Oubliant nos peines, confondant nos âmes, unissant tout notre être, nous arrivons au comble de la félicité. Nous mourons pour renaître et pour mourir encore..... Serait-il vrai qu'un raccommodement soit l'aiguillon de la volupté.

Sophie est heureuse, parfaitement

heureuse...... Elle cherche à prolonger son ivresse et la mienne.... Craindrait-elle le réveil?

Oh! oui, oui, je l'ai pénétrée : elle voulait s'oublier au sein des illusions. Celle-ci est à peine dissipée et un soupir nouveau s'échappe. Celui-là n'est point un tribut à l'amour, il est amer comme la douleur. Cette figure enchanteresse, divine, quand elle exprime le plaisir, devient froide et sombre......... A-t-elle trouvé dans mes yeux la plainte, ou le reproche ? « Bon » ami, me dit-elle, je crois que le » temps est le médecin des plaies de » l'âme ; mais il suffit d'un souvenir » pour déchirer la blessure.

» — Hé bien! Sophie, séparons-» nous du monde, où les occasions se » présentent à chaque pas, et où ces » souvenirs, renaissans sans cesse, ne » sont cependant que la crainte de l'a-» venir. Allons dans un lieu agreste et

» sauvage, où rien ne les rappelle, et
» où ils s'éteindront peu à peu. J'ai une
» terre au milieu des Pyrénées; point
» de château, une simple habitation,
» en mauvais état peut-être; nous la
» rétablirons, elle nous suffira. Tu as
» embelli la cabane de Servent; tu por-
» teras dans ces montagnes le charme
» qui ne te quitte jamais. Quelques
» pâtres, quelques paysannes, brûlés
» du soleil, usés avant le temps par le
» travail et la misère, voilà ceux que
» nous rencontrerons quelquefois et
» qui nous rappelleront que nous ne
» sommes pas seuls au monde. Sophie,
» te sens-tu le courage de renoncer à
» la foule, au bruit, aux jouissances
» du luxe, aux plaisirs tumultueux?
» Es-tu disposée à vivre uniquement
» par moi et pour moi? Parle; en des-
» cendant de l'autel nous partons, et
» nous allons porter dans notre vallée
» l'amour, la constance, et le bonheur. »

Elle ne me répond pas; mais sa paupière est humide, elle est attendrie; et cependant son œil est incertain et défiant. « Ce que tu me proposes est-il
» l'effet d'une résolution formelle, ou
» cèdes-tu à une impulsion qu'excite la
» pitié, et qui passera avec l'instant qui
» l'a vue naître? — Sophie, avec quel
» transport, quelle vérité je répète ce
» que nous nous sommes dit ici, à cette
» place même : toi, toujours toi, rien
» que toi. — Ah! tu as prévenu mes
» vœux les plus doux; tu les a com-
» blés, je n'en ai plus à former. Je peux
» être heureuse encore ; je le serai, je
» l'espère, si la solitude, l'uniformité
» de la vie que nous allons mener ne te
» paraissent jamais ennuyantes et pé-
» nibles. — Tu doutes encore, ma So-
» phie! — Hé bien! rassure-moi, je
» ne demande qu'à l'être. — Que faire
» pour cela? — Être toujours ce que tu
» es en ce moment.

» — Sophie, jeudi est le grand jour qui
» nous unit à jamais. Je vais me hâter de
» donner mes ordres à George : il n'a
» que le temps nécessaire pour les exé-
» cuter. — Un moment, Francheville.
» — Que veux-tu, ma Sophie ? — N'as-
» tu plus rien à me dire ? — Non, je
» n'ai plus qu'à répéter. — Estimable,
» autant que sensible, tu n'as plus rien
» à me dire ! Tu n'as pourtant pas oublié
» que tu vas être deux fois père. —
» J'étais certain que tu t'en souvien-
» drais. — Et tu te rapportes à moi du
» sort de cet enfant ? — Tu ne lui feras
» pas expier la faute de son père. — A
» quelle somme monte ton revenu ? —
» A soixante mille francs, plus ou
» moins. — J'ai un peu davantage. La
» moitié de ta fortune à cet enfant ;
» l'autre et ce que je possède au mien :
» es-tu content, Francheville ? — J'ad-
» mire, j'adore, et je me tais.

» — Mais, mon ami, mon bon ami,

» tu ne reverras point Fanchette ? tu
» n'auras avec elle aucune relation ?
» tu me le promets ? — Et que je meure,
» si je viole mon serment !

» — Tu me donneras ta signature, et
» j'arrangerai moi-même cette affaire à
» Paris. Tu sauras si je peux haïr. Je
» verrai Fanchette ; je lui parlerai ; je
» la consolerai...... Ah ! qui t'aime
» et te perd a besoin de consolations.
» Rentrons, mon ami, et soyons tout
» à nos projets et à l'amour. »

On nous attendait avec une inquiète curiosité. L'air radieux de Sophie annonçait une réconciliation franche, entière, scellée par la main du plaisir.

Je déclarai hautement la résolution que nous venions de prendre, et je parlai de notre retraite en homme enchanté d'éloigner de Sophie jusqu'au plus léger nuage. Madame d'Elmont avoua sans détour son éloignement pour la solitude ; mais elle ajouta que, tout bien examiné, elle aimait mieux s'ennuyer avec nous, que dans le monde sans sa fille. Et elle n'a pas trente-six ans ; et elle a des moyens de plaire encore ; et elle nous sacrifie des illusions, toujours plus précieuses, à mesure qu'on approche de leur terme. Ces deux femmes sont dignes l'une de l'autre.

La comtesse et Soulanges croient qu'on peut aimer long-temps, toute la vie même, avec certaines modifications ; ils ne conçoivent pas que l'amour puisse tenir lieu de tout : ils ne le connaissent pas.

Je fais signe à Soulanges, il m'entend, nous sortons. Nous rentrons avec nos écrins, et chacun de nous pare son idole. La physionomie de la comtesse s'anime et devient brillante comme ses bijoux. « Ah ! me dit So-
» phie, l'amour est nu ; c'est ton cœur
» qu'il me faut. »

Ah ! j'ai acheté deux jolies bagues : je les aime assez aux mains qui ne me plaisent pas. Je les offre à Justine : elle m'a rendu des services, et je suis bien aise de la rendre intéressante aux yeux de son maître d'hôtel.

Les minutes, les heures, les jours s'écoulent avec rapidité, et chaque instant est marqué par une jouissance. L'amour, l'amitié, la piété filiale nous occupent tour à tour. Je ne m'éloigne pas un instant de Sophie, et cependant elle ne se croit jamais assez près de moi : elle sait qu'un regard, un sourire, un mot, son fichu, produisent une sensation, et que l'imagination de l'homme qui sent ne s'éloigne pas de son cœur.

Il sort enfin du néant ce jour précurseur du beau jour qui fixera nos destinées. L'amour heureux nous présente au réveil la certitude du lendemain.

Le cœur n'est jamais difficile sur les dispositions du départ, quand on brûle d'arriver. Nous ne pouvons être assez tôt en voiture, ni courir au gré de nos vœux. Nous payons les guides au décuple ; nous allons comme le vent, et Paris semble reculer devant nous. Pourquoi cet empressement ? Que nous manque-t-il ? L'amour n'a-t-il pas tout fait pour nous ? L'hymen pourra-t-il davantage ! Ah, je le sens, il faut à l'homme plus que du plaisir; et la considération qui suit une cérémonie auguste et légale, en élevant sa maîtresse jusqu'à lui, ajoute à sa félicité.

Nous arrivons, nous descendons tous chez Sophie. Soulanges et moi nous courons, nous nous assurons que les mesures que nous avons prises pour le lendemain auront leur effet. Nous rentrons. Soulanges, pénétré comme moi d'un sentiment religieux, salue la comtesse avec une sorte de solennité. Je cherche Sophie.... Elle n'est pas à l'hôtel.... Je sais où elle est allée.

Ah, pourquoi n'est-elle pas ici !.... Ces mots, ces mots d'une effrayante vérité : *Qui t'aime et te perd a besoin de consolations*, ces mots retentissent au fond de mon cœur. Fanchette souffrante, plus belle peut-être de sa douleur, se présente à mon imagination tourmentée. Je la vois, je l'entends ; je ne peux lui répondre. Ces consolations, qui lui sont si nécessaires, lui sont offertes par celle qui la sépare à jamais de moi. Elle ne croira point à sa sincérité ; elle pensera que par un raffinement de cruauté Sophie a voulu jouir de son triomphe ; elle m'accusera d'y avoir consenti ; je vais lui être odieux.... Il faut la désabuser, je le dois, je le veux. J'y cours ; je vole lui dire un éternel adieu, contempler pour la dernière fois cette figure enchanteresse, ce sein qui recèle le fruit de la plus vive tendresse.... Malheureux, où vas-tu ? Tu as juré de ne pas la revoir.

Homme faible, sois du moins homme d'honneur. L'honneur ! y en a-t-il dans les peines que l'on cause ?....

Reviens, Sophie, reviens, ou je succombe. Je vais oublier mes promesses. Et toi... Je l'entends, je la vois, c'est elle.... Elle est sauvée !... Je le suis aussi.

George vient me rendre ses devoirs. Il me dit à l'oreille qu'il a préparé chez moi une petite fête. Elle devait avoir lieu après la cérémonie : notre départ immédiat dérange ses projets, et cependant il voudrait bien que ses apprêts ne fussent pas perdus.... Et d'où George sait-il ?... Etourdi que je suis.

4

Je l'ai chargé de la distribution des billets de mariage.

« A quoi bon une fête ! dit Sophie.
» A amuser des gens dont nous nous
» soucions peu. Chaque jour n'est-il
» pas pour nous un jour de fête ? —
» Ma bonne amie, rejeter l'hommage
» du zèle, n'est-ce pas humilier celui
» qui l'offre ? — Tu as raison, tu as
» raison. — Et puis, George nous suit
» dans les Pyrénées : il renonce pour
» nous à ses amis, à ses habitudes ;
» ne lui devons-nous pas quelque dé-
» dommagement ? »

Elle s'approche de George ; elle lui parle avec bonté ; elle accepte ce nouveau témoignage de son affection. Le bonhomme est enchanté. Il va, il vient de l'un à l'autre. Il nous presse de monter en voiture ; nous partons.

Quelle fête ce bon George a-t-il pu préparer ? Je lui connais de l'exactitude, de la probité, de l'attachement.

Mais de l'imagination !... C'est, m'a-t-il dit, mon suisse et lui qui ont tout arrangé : cela sera beau !

Nous sommes reçus par du Reynel, et Sophie et la comtesse rougissent jusqu'au blanc des yeux. « Que diable si-
» gnifie tout ceci? dit le gros garçon :
» on est marié là-bas, démarié ici ; on
» se remarie demain : je n'y comprends
» rien. » J'aurais volontiers battu George ; et à quoi cela eût-il servi ? Le parti le plus sage était de mettre un terme aux conjectures et au bavardage de du Reynel, en lui confiant tout, et c'est ce que je fis.... Voilà une fête qui commence bien.

Nous montons au salon ; personne. La foule au moins ne nous incommodera pas. George a rangé les fauteuils en face de l'antichambre ; il nous invite à nous asseoir : il est dans l'ordre de faire ce que prescrit le maître des cérémonies.

Les portes s'ouvrent. Les Servent, les Tachard, Eustache et Claire paraissent. Ils ont chacun un gros bouquet à la main ; ils vont chanter chacun leur couplet. Allons, allons, cette idée est heureuse.

Philippe s'approche avec son violon. Ah ! monsieur Philippe est l'orchestre.

La petite Claire se range au premier plan. C'est elle sans doute qui va commencer. Elle est vraiment jolie cette petite Claire, et sa taille rondelette lui sied à merveille. Ah ! il n'y a plus de trou au fichu. L'aisance dérobe toujours quelque chose aux grâces.

Mon suisse est derrière elle, un gros livre à la main. Je devine : il a été le répétiteur ; il est souffleur maintenant.

Claire commence la fameuse chanson du menuisier de Nevers : *Aussitôt que la lumière*, et nous partons tous d'un éclat de rire. Une chanson bachique pour épithalame ! Claire rougit,

baisse les yeux et se tait. « Je vous le
» disais bien, reprend Eustache, que
» ce n'est pas de vin qu'il fallait parler à
» madame et à monsieur. —Taisez-fous,
» s'écrie le suisse. Ce chanson, il est le
» plus peau qu'on ait fait en France, et
» le plus peau est ce qu'il faut offrir à
» matame et à monesier. » Eustache
soutient son opinion ; le suisse défend
la sienne ; la contestation s'engage.
George s'agite, se dépite, se désole.
Il fait de vains efforts pour rétablir
l'ordre : la première scène est tombée;
elle ne finit pas.

Nos bons villageois déposent tout
simplement leurs bouquets à nos pieds ;
ils nous félicitent et demandent la permission de nous embrasser. Claire me
présente sa jolie petite mine : cela vaut
mieux que le meilleur couplet.

« Ce n'est qu'ein chanson pertue,
» dit le suisse. Fous allez voir, fous
» allez voir. — Allons, voyons. —Ein

» com'die de Kotsbue, le plus peau de
» ses com'dies. » Il déploie trois para-
vens ; il donne un coup de sifflet....
C'est de mauvais augure.

Au coup de sifflet la porte de mon
cabinet s'ouvre ; il en sort huit à dix
Allemands renforcés. Les plus jeunes
sont habillés en femmes.

Ah! c'est une pièce allemande qu'on
nous donne ! Nous n'entendons pas un
mot de ce que disent les acteurs. Je
prends la liberté de les interrompre,
et je demande combien d'actes a *le
plus peau com'die de Kotsbue.* « Cinq,
» monesier, bien longues et bien lar-
» ches. — Va te promener avec tes cinq
» actes. Et où diable as-tu été déni-
» cher tes comédiens allemands ? —
» Chez ein marchand te vin allemand,
» rue de Turenne, n° 32. — Mène-les
» à l'office ; ils s'y plairont bien autant
» qu'à leur n° 32. — Mais c'est ein af-
» front, monesier.... — A tes comé-

» diens ? Une bouteille de plus par tête
» pour laver cet affront-là, et que tout
» soit fini.

» Au moins, monsieur, me dit Geor-
» ge, ne croyez pas que je sois coupable de
» tout ceci. — Qu'est-ce que c'est cou-
» pable ? — Je voulais du français. —
» Tu français ! Hé, toute le monte il en-
» tend le français ; rien te plus commun
» que le français. Chai voulu tonner à
» mestames qu'et chose té mieux qué tu
» français. — Quoi ! tu trouves le fran-
» çais inférieur à l'allemand ? — L'alle-
» mand, monesier, c'est ein mère langue.
» — Hé, ne sais-tu pas que Charles-
» Quint disait..... — Bon ami, tu ne
» t'aperçois pas que tu commences avec
» ton suisse une scène aussi plaisante
» que son idée de comédie allemande.
» Tu débutes par lui citer Charles-
» Quint, dont il n'a jamais entendu
» parler, et tu vas..... » Les éclats de
rire recommencent. Les artistes du n° 32

nous regardent la bouche béante ; ils ne savent s'il faut continuer ou se taire : ils n'entendent pas plus le français que nous l'allemand. Je leur fais signe d'aller boire et manger ; je prends mon suisse par les épaules, et je les mets tous à la porte.

George tourne autour de moi, il est timide embarrassé ; il y a quelque chose encore, et il craint que déjà sa fête nous paraisse trop longue. « Allons,
» parle, mon vieux ami ; ne te décou-
» rage pas. La comédie allemande est
» une idée suisse : tu en as eu sans
» doute une meilleure. — Au moins,
» monsieur, je serai court : trois cents
» vers au plus. — Français ? — Français.
» — Voyons tes vers. — Oh, je n'en
» suis pas l'auteur. — Je le crois. — Je les
» ai trouvés dans un vieux Mercure. —
» Ces vers-là s'oublient promptement :
» ceux-ci auront le mérite de la nou-
» veauté. — C'est *la Nichée d'amours*.

» — Ce titre promet. — Et je craignais
» d'adopter l'ouvrage. — Et pourquoi
» cela? — C'est qu'il s'y trouve une
» Vénus, qui fait des enfans avant que
» d'être mariée, et ces dames pourraient
» être choquées...... — Que le diable
» t'emporte! »

Pauvres femmes! dans quel état les a mises l'observation de ce vieux imbécille! Elles n'osent lever les yeux. Il est si humiliant de se voir attribuer la vertu qu'on n'a point!

Il n'y a pas à revenir sur ce qui est dit. Le coup est porté; chercher à l'adoucir, serait enfoncer le trait. « Finissons,
» George; débite tes trois cents vers et
» laisse-nous. — Oh, monsieur, j'ai
» aussi mes acteurs. »

Il leur donne le signal, et aussitôt un carillon infernal se fait entendre sur les degrés. Le bruit augmente et s'approche. Je crois en vérité qu'on se bat, ou peu s'en faut. Je m'élance, j'ouvre la porte, et une héros en casque et en cuirasse, vient rouler dans mes jambes. Du Reynel, d'une main, a accroché le bas de sa mante ; il tient de l'autre un enfant nu par l'oreille. Un second enfant suit le premier, en pleurant et en criant qu'ils n'ont pas demandé à faire l'amour, et que c'est monsieur George qui l'a voulu.

« Je ne le souffrirai pas, s'écrie du
» Reynel. Foi de gastronome, il n'en
» sera rien. — De quoi s'agit-il donc,
» mon ami ? — Je fais exécuter ici le
» menu que j'avais réglé pour la noce
» d'Eustache. Je surveille tout, je suis
» tout à tout, et malgré ma vigilance,
» le cuisinier et ses marmitons s'échap-
» pent, sans que je m'en aperçoive. Et
» j'ai là-bas trente casseroles sur les
» fourneaux, des jus, des purées à pas-
» ser, et il ne me reste qu'une grosse
» *gagui*, qui n'est propre qu'à laver des
» légumes ! Je crie, je tempête ; je vais,

» je cours. Je tombe sur les genoux au
» milieu d'un escalier, et je me fais une
» bosse à la tête. Je me relève ; j'entre
» partout.... personne. Je monte jus-
» qu'au grenier, et j'y trouve monsieur,
» habillé en Mars, et ces deux petits
» drôles en amours. Un cuisinier en
» Mars ! Faites des sauces, monsieur,
» et faites-les bonnes.

» Je les renvoie à la cuisine ; je les
» pousse devant moi. Ils marchent en
» grondant, en répétant qu'ils ne peu-
» vent manquer à monsieur George !
» Manquez à tout l'univers, monsieur,
» et point à mon dîner.

» Je les avais conduits, traînés jusqu'à
» l'entresol. Je mettais dans mes propos,
» dans mes actions une énergie que je
» ne m'étais jamais connue, et qui était
» bien légitime : je sentais le brûlé.

» Pan ! la laveuse de vaisselle sort
» comme un trait d'une petite chambre.
» Nue comme la main, laide comme le

» diable, elle se présente devant moi,
» et me fait reculer jusqu'au mur. Elle
» m'invite à ne rien craindre; elle me
» conte qu'il est écrit que Vénus est
» sortie nue du sein d'Amphitrite. Am-
» phitrite n'a rien produit de bon que
» les huîtres de Cancale.

» Je m'emporte contre cette Vénus
» de basse-cour; je lui applique cinq à
» six vigoureuses claques sur les fesses,
» et pendant qu'elle se les frotte, que
» je la rejette dans sa chambre, que je
» lui ordonne de reprendre ses habits
» et d'aller soigner ses légumes, Mars
» et les amours crottés m'échappent,
» traversent la cour et enfilent l'esca-
» lier qui mène aux appartemens. Je
» les suis, haletant, couvert de sueurs,
» au risque de me rompre le cou. Je
» les joins à cette porte; je m'accroche
» à eux. Je proteste qu'ils descendront
» à la cuisine et que je les y tiendrai
» sous clefs et verroux. Monsieur me

» répond froidement qu'il faut qu'il
» joue la comédie. — Jouer la comédie,
» quand le dîner brûle! Dîne-t on avec
» des vers, quelque beaux qu'ils soient?
» Peut-il exister un motif qui autorise
» un cuisinier à quitter ses importantes
» fonctions?

» — Mon ami George, nous te savons
» gré de l'intention ; mais ta *Nichée*
» *d'amours* ne vaut pas un bon dîner.
» Renvoie tes acteurs à la cuisine.

» — De trois pièces ne pouvoir vous
» en faire entendre une, c'est bien dur,
» monsieur. Au reste, je n'ai pas perdu
» tout le fruit de mes soins. Je vous ai
» procuré une sensation agréable : vous
» avez vu le plus grand nombre des heu-
» reux que vous avez faits. Il n'a pas tenu
» à moi qu'ils fussent tous réunis, et je
» ne sais pourquoi mademoiselle Fan-
» chette s'est refusée à mes instances.
» —Vous avez invité Fanchette? — Oui,
» monsieur. — Quand? — Hier au soir.

» — Elle sait que je me marie demain?
» — Oui, monsieur. »

Un frisonnement général s'empare de Sophie; ses joues se décolorent, elle laisse tomber sa tête sur sa poitrine..... Elle s'est montré à Fanchette épouse indulgente et sensible, et Fanchette savait que leur position était la même, leurs droits égaux, que Sophie n'avait rien à lui reprocher, rien à lui pardonner. Modeste et bonne, elle a eu l'air de recevoir une grâce; elle en a paru reconnaissante. Sans doute elle a craint de m'affliger dans Sophie. Délicatesse, désintéressement, résignation, qualités, vertus, elle a tout, elle embellit tout.

Fanchette, Fanchette! ah, il m'est impossible d'oublier cette femme, de prononcer son nom sans délire et sans douleur..... Mais Sophie! Sophie est humiliée, souffrante. Elle l'est par moi, pour moi, et je ne la rappelle pas à l'amour, qui console, qui efface, qui est tout !

Je suis auprès d'elle, et elle ne me voit pas. Je prends sa main ; elle lève ses yeux sur les miens ; elle me regarde avec une expression déchirante. « Je » suis accablée, me dit-elle tout bas, » pour aimer le bien, pour avoir voulu » le faire. Il est donc vrai qu'une bonne » action peut laisser des regrets ! » Sa voix sentimentale, un air de langueur, qui peut-être l'embellit encore, la douce pression de sa main, me pénètrent, m'agitent, m'exaspèrent. Je me lève furieux ; je vais à George ; je lui saisis le bras..... Je ne sais ce que je vais faire.... Je me sens arrêté..... Par qui? C'est Sophie qui a jugé mon mouvement, qui me sauve de moi-même. « Bon ami, il a cru bien faire ; il eût » fait bien, si des circonstances qu'il » ignore..... Retirons-nous ; je ne suis » pas à mon aise ici. »

Je sors avec elle. Madame d'Elmont nous suit. Elle nous demande la cause de cette étonnante, de cette brusque disparition. Sophie éloigne d'elle toute idée qui me serait défavorable. Elle n'est pas bien ; elle souffre, dit-elle simplement. Oh ! elle a dit vrai. Madame d'Elmont monte en voiture avec nous.

« Hé bien, hé bien, nous crie du
» Reynel, que faites-vous ? que devien-
» dra mon dîner ? Le ferai-je manger
» aux paysans d'Ermeuil, aux comé-
» diens allemands ? » C'est bien le moment de nous occuper de ces niaiseries-là ! Nous ne répondons rien ; nous partons.

Le reste de la journée s'écoule tristement. Être humiliée aux yeux de Fanchette ! répétait Sophie ! Et ce nom toujours répété, toujours m'agitant, me reporte, malgré moi, vers celle à qui je ne dois plus penser. La présence de Sophie me contient, me calme par intervalles ; mais mon cœur est partagé. Il possède l'une, il désire l'autre ; l'excès même du sentiment lui ôte toute son action.

Ce sont les nuits heureuses qui font les beaux jours, a dit un homme ingénieux et sans expérience. Quelle nuit plus douce que la dernière! Quelle journée que celle-ci! Que sera le lendemain ?

Il paraît ce jour si long-temps, si vivement désiré, et je n'éprouve pas cette satisfaction intime, cet empressement, ces transports que la présence seule de Sophie faisait naître, entretenait, augmentait, que je croyais inépuisables. Je vais cependant me donner à une femme charmante, que j'aime avec passion..... Mais je me sépare à jamais d'une autre.....

Sophie est pensive, rêveuse même. Son imagination est péniblement affectée. Peut-être a-t-elle remarqué ma préoccupation ; peut-être s'est-elle aperçue de l'effet toujours certain de ce nom..... Ah, Sophie! je t'épouse, je l'abandonne ; pardonne au moins un regret.

La comtesse, Soulanges, George, nos autres témoins paraissent ; nous sortons. Nous avons satisfait à la loi, et nous entrons dans le temple, où je vais jurer de n'aimer que Sophie, de ne plus former un vœu dont elle ne soit l'objet. Je promettrai....... Puissé-je tenir ma promesse!

Le prêtre est à l'autel; il a ouvert le livre de notre irrévocable destinée : le recueillement de Sophie ressemble au dévouement d'une victime. Ah ! ses craintes se sont renouvelées. Une nuit froide a donné à la réflexion le temps de naître, de se développer. Elle se marie, parce qu'il le faut, parce qu'elle l'a promis, et elle ne voit dans le mariage qu'un lien nul pour l'inconstant, pesant pour l'infortunée qui le porte.

Ah! je dissiperai ces nuages que peu d'heures ont formés, accumulés. Je me charge ici du bonheur de sa vie ; je ne l'oublierai pas.

Le prêtre nous interroge ; il va prononcer l'auguste formule. Soulanges et sa comtesse ont répondu *oui*, comme s'il se fût agi d'une contredanse ou d'un boston. Le *oui* de Sophie est timide, faiblement articulé ; je donne au mien l'énergie et la décence que commandent l'instant et le lieu.

A peine l'ai-je prononcé, qu'un profond soupir se fait entendre dans l'éloignement. Un bruit sourd lui succède. Je me tourne ; je vois une femme, à demi masquée par une colonne, tombée sur le carreau ; et il n'y a dans l'église qu'elle, le célébrant et nous.

« Va, dis-je à George, va secourir
» cette femme. »

Avec les meilleures intentions, cet homme-là fait tout mal. Que de peines il m'a causées!..... Il va, il revient, tremblant, hors de lui. Il s'écrie : « C'est
» mademoiselle Fanchette, qui s'est
» blessée, et qui est évanouie.

» Que faites-vous ! me dit Soulanges,
» vous perdez sans retour la confiance
» de madame de Francheville. Vous
» décidez le malheur de sa vie. » J'avais franchi, avec la rapidité de l'éclair, l'intervalle qui me séparait de Fanchette. Je l'avais prise, relevée ; je soutenais sa tête ; j'étanchais le sang qui coulait de sa main ; je lui parlais comme si elle eût pu m'entendre ; je cherchais, à force de caresses, à la rendre au sentiment. J'ignorais où j'étais ; j'avais oublié l'autel et mes sermens ; je ne voyais que Fanchette.

« Sommes-nous mariés, dis-je enfin
» à Soulanges ? — Oui, mon ami ; et
» votre femme vous attend. — Ah ! celle-
» ci est aussi ma femme ; je l'ai ren-
» due mère aussi ! — Plus bas, plus
» bas, par grâce : Sophie vous en-
» tend. »

Les yeux de Fanchette se rouvrent ; elle me fixe, elle me reconnaît ; elle tressaille. « J'ai voulu vous voir pour
» la dernière fois, me dit elle ; et je
» n'ai pas été maîtresse de moi. Pour
» la dernière fois, répétai-je, avec l'ac-
» cent du désespoir ! » Je la presse contre mon sein ; son cœur bat contre le mien ; ils s'unissent, ils se confondent encore. « Fanchette, dit Soulanges avec
» un ton sévère, voulez-vous perdre le
» mérite et le fruit de vos efforts et de
» vos sacrifices ? » Ces mots nous frappent l'un et l'autre ; elle se dégage de mes bras ; je suis sans force pour la

retenir. Soulanges l'emmène ; je la suis des yeux.

Je me rappelle que j'ai une épouse. Effrayé de ma conduite et des suites qu'elle peut avoir, je me rapproche de l'autel en tremblant. La figure de Sophie n'exprime aucun ressentiment. Je n'y vois qu'un accablement profond. Celle de sa mère annonce la stupéfaction, le mécontentement : il est fondé ; j'ai violé toutes les convenances.

Je leur prends la main à toutes deux ; nous nous retirons en silence. Nous montons en voiture. Les yeux de Sophie évitent les miens. Pas un mot de l'église à l'hôtel. Quel mariage, bon Dieu ! et tant de moyens pour qu'il fût heureux !

A la suite d'un déjeuner triste et court, nous partons, nous quittons Paris pour jamais. Même tristesse, même silence. Une mauvaise honte me retient, me ferme la bouche. Il est pourtant cruel de ne pas lui parler, de ne pas chercher à réparer des torts graves, à ramener le calme dans son cœur. Si prompt, si ardent à m'égarer, et si lent à revenir sur moi-même! Hélas! je ne trouve pas une idée dont l'expression puisse la satisfaire. Mais qu'importe des phrases? N'est-elle pas à moi; n'est-elle pas tout amour; n'éprouve-t-elle pas la soif du bonheur et le besoin de pardonner?

Ferai-je un long voyage, passerai-je les jours et les nuits avec elle, en évitant une franche et indispensable explication? Est-il un autre moyen de se rapprocher? Chaque minute de délai n'est-elle pas un tort nouveau? Ne doit-elle pas penser que la réflexion sanctionne en ce moment des transports que je n'ai pu maîtriser, mais que les circonstances seules ont fait naître, et que ma raison désavoue?

Affliger Sophie est un crime : prolonger sa peine est le plus grand de tous.

Je prends la parole. Je ne cherche pas à me disculper. Je rends compte avec candeur des sensations que j'ai éprouvées. Je remonte à leurs causes ; mais j'établis en principe que l'humanité bien entendue soulage sans accception de personnes, et je demande si je pouvais laisser Fanchette froide, inanimée sur le carreau. Mon départ de Paris, le lieu que j'ai fixé pour notre demeure, n'annoncent-ils pas le dessein formel, une volonté soutenue de rompre tous les liens qui m'attachaient à l'infortunée, de vivre entièrement pour Sophie, de faire de sa félicité mon unique étude, mon devoir essentiel ? « Ma » félicité ! Il n'en est plus pour moi, » répond-elle. Vous partez ; mais votre » cœur n'est pas ici. Vous voulez for- » tement, sincèrement, et vous ne

» pourrez rien pour moi : où il y a eu
» combat, hésitation même, il n'existe
» plus d'amour. »

Ses larmes coulent en abondance. Elle a raison ; mon cœur n'était pas ici ; sa douleur l'y ramène ; je reviens au premier sentiment que Sophie m'a inspiré. Il se reproduit dans toute sa force ; il agit sur tous mes sens. Impétueux, brûlant, il prend un caractère de vérité qui ne persuade pas Sophie, mais qui la calme. Ses larmes se sèchent à mesure que je les recueille. Son front est nébuleux encore ; mais ses joues se colorent. Est-ce l'amour qui répond à l'amour ? Jamais un sentiment haineux n'a trouvé place au cœur de Sophie.

Madame d'Elmont joint la force du raisonnement à l'éloquence expansive que je déploie. Elle ne me justifie point ; elle observe qu'il n'est pas d'homme sans faiblesses, et que le moins imparfait est celui qui fait tout pour les effacer. Elle fait remarquer que se mettre dans l'impossibilité de faillir, c'est satisfaire à la fois à l'équité, et désarmer le ressentiment le plus légitime. Elle s'étend sur le danger d'éloigner, par des rigueurs mal entendues, un cœur repentant qui revient, et que l'amabilité, les grâces, la gaieté peuvent seules fixer. Elle demande s'il n'y a pas une sorte d'orgueil à pardonner, et si l'indulgente bonté pour un coupable chéri n'est pas une jouissance. Elle invoque l'extrême sensibilité de Sophie ; elle l'excite, la ranime ; elle insiste, elle presse, elle caresse, et met sa fille dans mes bras.

Sophie est sans défense ; un baiser est le prix d'un baiser, et cependant des soupirs douloureux s'échappent au milieu des plus douces étreintes.

Je ne la quitterai plus d'un instant.

Sans cesse je lui parlerai amour ; sans cesse je lui prouverai que je l'aime. Je ne lui laisserai pas le temps de s'arrêter à un souvenir ; j'empêcherai le souvenir de naître.

« Oui, je me suis chargé du bonheur
» de ta vie ; je t'en dois compte ; j'en
» compterai avec toi à tous les instans
» du jour. »

Nous marchons à petites journées. Nous arrêtons de bonne heure ; nous prolongeons les nuits. Sophie passe du délire au sommeil, du sommeil au délire ; mais son sommeil est agité ; une tristesse profonde succède à la jouissance. Sa gaieté passagère porte avec elle une teinte de mélancolie qui m'affecte. Ah ! si ces torrens de feu brûlaient un an, un mois, une semaine, ils détruiraient toutes les impressions pénibles ; ils en effaceraient la mémoire. Je les rallume ; je les reproduis à toutes les heures, et les intervalles sont encore trop longs.

« Tu me tues, dit-elle, et de plaisir » et de chagrin. »

CHAPITRE V.

Les Pyrénées.

Nous sommes arrivés à Perpignan. Nous nous enfonçons au centre des Pyrénées, en tournant par Pau, Tarbes et Saint-Gaudens : nous entrons dans la vallée de Campan. Nous avons traversé des masses de roches, vieilles comme le monde, présentant par-tout des sites effrayans ou romantiques. Insensibles à ces variétés de la nature, au contraste de ses tableaux, je n'ai vu que Sophie, Sophie n'a vu que moi.

Nous trouvons sur les rives de l'Adour une terre sauvage et presque inculte, une maison en ruines : cette terre, cette maison sont à moi.

« Ah ! crois-tu que tu ne tiennes pas

» lieu de tout à l'homme qui consent à
» vivre ici? — Ah! crois-tu qu'on puisse
» penser sans douleur que tu n'aies que
» ce moyen extrême à opposer à l'in-
» constance? »

Je ne me plains pas de l'amertume de ses réflexions : je les ai provoquées, et elle en est avare. J'aime mieux cependant l'entendre que la voir mélancolique et muette. Parler la soulage ; ses affections concentrées, contenues, deviendraient dangereuses.

C'est pour m'aider à me vaincre qu'elle est ici, et elle ne fait aucune observation sur le désagrément des localités. Ah ! je suis là, toujours là! toujours une caresse pour elle, toujours quelque chose de sentimental à lui adresser. Quand la réflexion pourrait-elle naître ? Les Dieux ont rebâti la cabane de Philémon et de Baucis. Il fallait rajeunir leurs cœurs, ils n'eussent pas en besoin de cabane.

Madame d'Elmont n'a pas les mêmes motifs de se résigner; aussi ne l'est-elle pas. Elle m'engage fortement à envoyer prendre des ouvriers à Saint-Gaudens. Le bon George, que je ne peux haïr, pressent avoir besoin d'indulgence. Il redouble de zèle et d'activité. Madame d'Elmont vient d'exprimer un désir, et déjà il est sur sa mule.

Madame Dulac, la pétulante Justine, ne dissimule rien. Elle se trouve mal, très-mal dans nos montagnes; elle le dit très-haut. Mais elle ajoute en riant que l'empire de madame est plus doux que celui d'un mari, quel qu'il soit, et qu'on peut trouver mieux que le sien, même au milieu des Pyrénées. Justine se mariera partout. Partout aussi elle redeviendra veuve, pour se remarier encore.

Son maître-d'hôtel l'a laissée partir sans résistance. Une dot de plus, une femme de moins, voilà qui arrange bien des hommes. C'est assez comme cela qu'on se prend aujourd'hui.

Mon fermier ne cultive point ma terre, parce qu'il me paie une très-modique redevance, et que lui et sa famille dînent avec deux ognons crus et du pain de sarrasin. Je rendrai ces gens-là laborieux et aisés : leur bail expire ; je doublerai le prix du loyer.

La femme et les deux filles, toujours crottées, couchent avec une trentaine de chèvres, que deux petits garçons mènent paître pendant la journée. Les femmes ont des jupons qui ne passent pas le genou ; les corsets sont percés au coude ; point de fichu sur une gorge tannée, que le soleil noircit encore tous les jours : on ne pense pas à la regarder. Les petits garçons sont en guenilles, et tout cela rit, chante, joue du galoubet. Le bonheur ne tient ni à un habit, ni à une table somptueuse ; la représentation est un fardeau ; l'opulence et l'extrême civilisation flétrissent le cœur, ou lui préparent des peines.

Nos voisins ne sont ni plus opulens ni plus propres que les gens de la ferme. Pas une femme à qui on ose toucher le bout du doigt. Sophie, au milieu d'elles, est la rose qui s'élève dans un champ de chardons. Elle attire, elle fixe; on ne voit qu'elle.

Mon amour, mon assiduité, mes soins, mes prévenances devraient la convaincre de la sincérité de mon retour. Elle y croit, dit-elle; et cependant je la vois triste et languissante.

Craint-elle encore que mon cœur soit à Paris? Croit-elle devoir me cacher des soupçons injurieux? La justice qu'elle paraît me rendre n'est-elle que la suite d'un effort sur elle-même? Examinons.

Je varie ses plaisirs; je lui en crée par-tout. J'anime pour elle jusqu'aux rives de l'Adour; à un exercice salutaire succèdent l'amour et le repos. Elle sourit à mes efforts soutenus, elle m'en sait gré, et au milieu de nos jeux elle se tourne vers Paris; sa figure se glace; un soupir mal étouffé parvient jusqu'à moi. Je l'ai entendu, il a froissé mon cœur. Elle le voit, elle le sent, elle se précipite dans mes bras, elle me comble de caresses : elle croit donc me devoir une reparation ! Le trait acéré de la douleur est donc toujours dans son sein !

Que faut-il pour l'en arracher ? Quel homme pourrait faire plus que moi ? Que je la voie gaie et confiante, et je serai récompensé.

Son état n'est plus douteux; il commence même à se manifester. L'amour maternel n'a point de bornes, et cependant il rapproche à chaque instant davantage de celui à qui on doit le bonheur d'être mère. L'enfant chéri placé entre eux est le médiateur aveugle et puissant qui sollicite, qui obtient l'oubli de tous les torts.

Pénétré de cette vérité, je lui parle de notre enfant. Des trois je ne fais qu'un tout indivisible, aimant, heureux. Elle sourit à cette idée ; un sentiment nouveau l'anime, la pénètre. La sérénité est sur son front ; la joie est dans son cœur. Elle est inaccessible à ces tristes sensations, qui, malgré mes soins empressés, se reproduisaient trop souvent.

Ton fils, lui dis-je, quand elle redevient sombre et silencieuse !...... Elle écoute, elle répond ; la conversation s'engage ; l'enfant en est constamment l'objet. Je suis loin de sa pensée peut-être ; mais son imagination n'est plus à Paris, dans cette église...... Elle est là près de moi, tout à ce que je lui dis. Ses yeux se portent sur son sein ; elle le regarde avec attendrissement ; une douce larme s'échappe de sa paupière...

Cher enfant, tu n'es pas né, et déjà tu es le bienfaiteur de ta mère !....

Il en est une encore.... seule, sans appui, elle redoute le moment tant désiré ici. Son œil contristé s'éloigne de son sein ; s'il s'y porte involontairement, il ne trouve que des larmes. Elle pleure aussi..... sa malheureuse fécondité.

Et qu'a-t-elle fait qui la condamne à l'abandon ? pourquoi cette inexplicable différence ?.... Qui la surpasse en beauté, qui l'égale en modestie, en douceur, en résignation? qui peut aimer plus qu'elle ?...... J'ai du moins assuré sa fortune ; elle m'a vu retourner à l'autel ; elle a dû juger que je l'avais quitté, quitté pour elle... Ne lui devais-je que cela ?

Sophie s'arrête, m'examine. Ses yeux se tournent alternativement vers Paris et sur moi.... Et moi aussi je lance des regards avides vers cette cité, où j'ai laissé tant de choses, tant de souvenirs. Des souvenirs ! je ne les laisse nulle part; ils me suivront partout; ils m'accompagneront dans la tombe.

Sophie laisse échapper un profond soupir !.... Insensé, que fais-tu ? quel nouveau délire t'égare ? tu te livres à son impulsion, et tu oublies que Sophie lit au fond de ton âme, que son amour inquiet y démêle ta plus secrette pensée ! Reviens à ton épouse, à une épouse charmante, dont l'extrême susceptibilité, fatigante peut-être, prouve le plus exclusif attachement.

Un second soupir, plus pénétrant que le premier, me rend à moi, à elle. Je m'approche ; je prends sa main ; je la passe sous mon bras ; je lui propose de continuer notre promenade; je lui demande de quel côté elle veut prendre :
« Tous me sont indifférens quand je
» suis seule. — Seule, Sophie ! — Vous
» venez de franchir les Pyrénées. »

Elle m'a pénétré ; je devais le prévoir..... je l'avais prévu. Il faut penser tout haut, quand on a une physionomie expressive : on s'arrête au premier mot, et la figure reste muette.

J'ai dissimulé quelquefois ; je n'ai jamais menti : tout mensonge est une bassesse. Je ne peux prendre sur moi d'en imposer à Sophie ; elle ne me croirait pas, et elle m'estimerait moins.

Je lis sur son visage, dans ses yeux. J'interprète ses mouvemens ; sa marche même est significative : tout en elle annonce un chagrin concentré, mais violent. Malheureux ! j'ai perdu en un instant le fruit de trois mois de soins.

Je la ramène. Toujours plus mécontent de moi, je m'efforce de lui parler : je ne lui adresse que des mots. Elle y répond par un sourire amer et douloureux.

Dans l'état de souffrance où je suis, on a besoin d'épancher son cœur. Je cherche madame d'Elmont. Elle m'écoute avec indulgence ; elle admet ma justification, elle me plaint. « Mais, » ajoute-t-elle, l'amitié et l'amour voient » le même objet sous des rapports bien » différens. L'une aime à pallier, à at- » ténuer des torts supposés ou réels ; » oublier ce qui la blesse est pour elle » une jouissance. L'autre n'oublie rien ; « il compte, il accumule, il exagère » tout; il ne cherche pas de preuves, » le soupçon lui en tient lieu. Il juge, » il condamne aussi promptement qu'il » accuse. Doublement malheureux » quand il a prononcé, il s'attendrit, » il s'afflige, il revient pour s'éloigner » encore. La jeunesse s'use dans ces » alternatives; et, quand l'âge a dissipé » le prestige des sens, qu'on examine » froidement le passé, on sent, mais » trop tard, qu'on a fait volontaire- » ment son malheur. On rit des chi- » mères auxquelles on attachait tant

» d'importance ; on ne voit plus que des
» bagatelles dans ce qu'on décorait du
» nom pompeux de catastrophes.

» Vous devez reconnaître ma fille
» dans la première partie de ce second
» tableau ; mais, loin de la blâmer,
» supposez un moment que vous par-
» tagiez son cœur, que vous ayez seu-
» lement lieu de soupçonner un par-
» tage, votre caractère impétueux vous
» permettrait-il de vous renfermer dans
» les bornes d'une douleur passive ?
» Elle souffre, elle ne se plaint pas :
» que peut-elle de plus pour votre tran-
» quillité ?

» Prenez garde cependant que son
» cœur est tout amour ; qu'il s'affecte
» dans la proportion de sa sensibilité ;
» que ses forces ne sont pas inépui-
» sables, et qu'une douleur soutenue
» est une lime sourde qui à la longue
» ronge tout. Votre conduite envers
» ma fille mériterait les plus grands

» éloges, si elle vous coûtait quelque
» chose. Mais il vous suffit de laisser
» aller votre cœur pour calmer le sien
» naturellement soupçonneux et ja-
» loux. Continuez d'opposer vos soins
» et une patience inaltérable à des
» peines cuisantes, que vous causez
» sans doute, et que vous seul pouvez
» dissiper.

» Ne croyez pas qu'en rapportant
» à vous les chagrins de Sophie, je
» prétende blâmer l'espèce d'attache-
» ment que vous conservez à Fan-
» chette. Mépris à l'homme qui délaisse,
» qui oublie sans retour la femme qui
» s'est donnée à lui, et qui a un gage
» de sa faiblesse! Ma fille croit voir de
» l'amour où je ne trouve que l'intérêt
» que doit éprouver un cœur honnête ;
» et, si la prévention lui permettait de
» réfléchir, elle sentirait, comme moi,
» que la femme pour qui on fait tout,

» à qui on sacrifie tout, est nécessaire-
» ment celle qu'on préfère. »

Ah! je m'aperçois que je n'ai pas dit la vérité, toute la vérité à madame d'Elmont. Elle pense qu'un simple intérêt...... Je ne peux me résoudre à la dissuader. Qu'elle soit au contraire mon appui auprès de sa fille; qu'elle la persuade; elle y parviendra, je l'espère. Moi, je m'efforcerai de me vaincre, de me posséder, au moins de ne jamais renouveler ces scènes douloureuses.

Je prie madame d'Elmont de m'accompagner chez sa fille. Je sais combien la présence d'un tiers soulage celui qui s'attend à des reproches, combien elle en adoucit l'expression. Ah! puis-je craindre une expression dure de la part de Sophie!

Nous entrons. Elle est sur une chaise longue, dans un état d'abattement qui me touche autant qu'il m'inquiète. Je ne suis plus que l'impulsion d'un cœur qui s'éloigne quelquefois d'elle, mais qui lui appartient, qui ne peut s'en détacher. Il ne lui échappe pas une plainte, mais elle n'entend plus ce langage qui la fit si souvent tressaillir d'amour et de volupté. Elle n'y répond plus ; elle est sourde aux représentations, aux instances de sa mère. La raison, qui s'exprime par la bouche de cette femme estimable, a perdu son empire. Il n'y a plus ici ni union, ni harmonie. Parviendrai-je à les faire renaître, ou suis-je condamné à aimer seul ?

Aimer seul ! Quel mot ! Quelle idée cruelle il présente ! Quel état que le mien, si Sophie le prolonge ! Chaque heure, chaque instant le rendront plus insupportable. N'importe ! je serai tout à elle, je remplirai tous mes devoirs.

Que dis-je ? elle n'a pas oublié ces

mots prononcés avec l'accent le plus tendre dans une circonstance bien plus affligeante pour elle. « Ah! me » disait-elle, lorsqu'elle m'eut remis » cette lettre qui nous a perdus tous » deux, si vous pouvez vivre sans moi, » je ne peux vivre sans vous. »

Je lui rappelle ses paroles ; je prie, je presse, je m'humilie, et je n'en rougis point : le moyen qui la rendrait au bonheur ne peut être indigne de moi. Elle répond enfin ; mais son sein s'agite, sa voix est altérée, le reproche est sur ses lèvres ; il y expire : me ménager, c'est m'aimer encore.

Elle ne m'adresse que des choses insignifiantes ; mais du moins elle m'a parlé. Je parle à mon tour ; j'emploie la plus puissante de mes ressources ; je lui parle de son fils. « Vous l'aime-
» rez, dit-elle ; jurez-moi que vous l'ai-
» merez. — Sophie, que m'annonce ce
» ton solennel et prophétique ? Il me

» glace d'effroi. » Je la presse dans mes bras, sur mon cœur ; elle reçoit mes caresses, elle y est insensible.

Les jours, les semaines, les mois s'écoulent, et rien n'a changé ici. La douleur s'y est fixée ; j'ai perdu le pouvoir de l'en bannir, et j'ai la force de la supporter.

Cette figure brillante, il y a si peu de temps, de jeunesse, de santé, de fraîcheur, est éteinte et flétrie. Sophie n'est plus que l'ombre d'elle-même. Elle dépérit ; je ne peux ni me le dissimuler, ni me pardonner des maux que j'ai fait naître, que mes imprudences ont alimentés, qui tuent cette tendre victime.

Voyage funeste ! Sans la folie qui nous a conduits à ce château d'Ermeuil, je n'eusse distingué, je n'eusse aimé qu'elle. Elle serait heureuse, et mon bonheur égalerait le sien.

Hommes insensés, imprévoyans !

nous jouons avec la passion naissante ; elle flatte, elle attire ; le masque des ris et des jeux cache ses formes effrayantes ; nous nous livrons en aveugles. Bientôt le charme s'évanouit : une main de fer s'appesantit sur nous ; elle nous courbe sous la verge du remords : des jouissances passagères sont payées par des larmes de sang.

Réflexions tardives et inutiles ! Détourneront-elles le coup qui me menace ? Elles le rendront plus cruel.... Mais est-il donc impossible de le prévenir ? La persuasion m'a-t-elle fui sans retour ? Elle aime encore, et je désespère !

Je vais à elle, je tombe à ses pieds, je la conjure de vivre pour son fils et pour moi. Je lui peins le bonheur passé ; je le pare de nouveaux charmes ; je lui prouve qu'il suffit d'un acte de sa volonté pour le rappeler, le fixer à jamais. J'invoque sa raison, sa générosité ; je reviens à son fils, à moi, au vœu ardent de conserver une épouse adorée, au besoin que ce malheureux enfant aura bientôt d'une mère. Elle est ébranlée, attendrie ; elle me presse la main !...... Faveur inappréciable aujourd'hui, et dont j'avais perdu l'habitude !

Elle n'éprouve point le dégoût de la vie, dit-elle ; elle consent à prolonger la sienne ; elle la consacrera tout entière à son fils. « Mais toi, que me veux-
» tu ? Que puis-je pour toi ? t'offrir l'as-
» pect fatigant d'une femme qui a
» perdu tous les agrémens qui t'avaient
» séduit. Sans force, presque sans vie,
» je suis encore tout amour, et je ne
» peux plus en inspirer.

» —Ainsi, toujours prompte à te créer
» des chimères, tu méconnais ta puis-
» sance et mon cœur ! Est-ce de tes
» charmes seuls qu'il fut, qu'il est ido-
» lâtre ? N'est-il pas entraîné par la

» réunion précieuse de toutes les qua-
» lités ? Ces charmes que tu crois flé-
» tris sans retour, ne renaîtront-ils pas
» quand tu l'auras fortement voulu ?
» Sophie, tu n'as que vingt ans ; et tu
» désespères de la nature ! Seconde-la,
» et cette fleur, languissante sur sa tige,
» se relèvera plus fraîche et plus bril-
» lante. De la confiance, de la gaieté,
» ces tendres épanchemens, qui fai-
» saient le charme de notre vie ; voilà
» les moyens que t'offre l'amour,
» qu'il met à ta disposition, et qui te
» rendront à tous ceux qui te ché-
» rissent. »

En lui parlant ainsi, je la couvre de
baisers. Son teint s'anime, le sourire
reparaît sur ses lèvres ; une nuance de
volupté se montre dans ses yeux ; elle
s'accroît graduellement, elle parvient
à son comble.... « Encore un moment
» heureux, dit-elle ! Je n'en espérais
» plus...... Je ne croyais pas pouvoir

» supporter ces délices...... Ah! Fran-
» cheville, encore...... encore..... Que
» cette mort serait douce ! »

Ces mots m'arrêtent; ils me font frissonner. Je la regarde; sa physionomie conserve l'expression du plaisir; mais sa faiblesse est extrême.

Je m'assieds auprès d'elle; je me reproche mon imprudence; je m'accuse; je me repens. « Je m'attendais à ce
» retour, dit-elle. Je n'ai rien obtenu
» que de la complaisance et de la pitié.
» Non, je ne peux plus inspirer d'a-
» mour. »

Est-il possible d'empoisonner ainsi les plus doux momens, de déchirer un cœur avec cette froide cruauté, de tourner, de retourner sans cesse le fer dans la blessure ! Je suis au désespoir; mais aussi ma patience s'épuise. Je sens l'impossibilité de résister plus longtemps à l'injustice, à la multiplicité de ces inculpations; je vais éclater..........

Malheureux! possède-toi, elle est mourante.

Je lui dérobe un juste ressentiment. Je vais l'exhaler auprès de madame d'Elmont.

« Persévérez, me dit-elle; soyez
» toujours bon, généreux. Peut-être,
» hélas! votre indulgence ne lui sera
» pas long-temps nécessaire. »

Cette dernière pensée me ramène auprès de Sophie impassible et résignée. Un faible cri lui échappe; il est suivi d'un second. La nature semble faire des efforts soutenus. Vais-je être père?....... Oui, tout l'annonce; et le terme n'est pas arrivé.

Nouveau sujet d'alarmes! N'en avais-je pas déjà assez? Cependant Richelieu, né aussi à sept mois, est mort octogénaire. Oui, mon enfant peut vivre; il vivra pour être le consolateur de son père, et son appui près de sa mère infortunée.

On n'avait pu prévoir que les secours deviendraient sitôt nécessaires, et l'homme de l'art, à qui elle a donné sa confiance, habite la ville de Pau. Dix lieues à faire ! Il est impossible qu'il arrive assez tôt. Je fais partir George et ses camarades ; je les envoie aux villes les plus prochaines. Je leur ordonne de consulter la voix publique, de choisir d'après elle, et surtout de faire une extrême diligence.

Madame d'Elmont et Justine lui donnent les premiers soins. Je suis là, toujours là. Elle semble me voir avec satisfaction ; elle m'appelle, elle me prend la main ; elle m'attire près d'elle ; elle semble vouloir m'unir à son enfant. Elle me donne le doux nom de père ; elle me sourit. Ah ! elle a tout oublié pour se livrer au plaisir d'être bientôt mère, et mon enfant la rattachera à la vie.

Les douleurs cessent et se reproduisent; elles se dissipent et se font sentir encore; mais elles sont faibles et deviennent rares. Le reste de la journée et une partie de la nuit se passent dans ces alternatives. Je suis tranquille, et j'attribue ces douleurs passagères à une suite d'émotions bien opposées. Je me persuade qu'elles disparaîtront tout-à-fait. Espérance! hochet de tous les hommes!

A minuit George revient; la figure et le ton de celui qu'il me présente inspirent la confiance; Philippe, un de ses camarades, en amène un second, un troisième. Ils se réunissent autour de Sophie. Ils l'examinent, ils délibèrent. Mes yeux ne cessent d'interroger les leurs : je n'y remarque rien d'inquiétant.

Ils m'invitent à me retirer, à engager madame d'Elmont à me suivre :

nous répondons que nous sommes insé-
parables de Sophie. Ils annoncent un
accouchement prochain, et peut-être
difficile : raison de plus pour ne pas
nous éloigner.

Toujours des douleurs, mais faibles
et courtes. L'un des trois, pour lequel
les autres semblent avoir de la déférence, me tire à l'écart. « La nature
» est sans force, me dit-il tout bas ;
» il est à craindre que seule elle n'o-
» père pas la délivrance. » Sophie ne
nous a pas perdus de vue. Elle a remarqué un frémissement dont je n'ai pas été
maître. « Faut-il mourir, s'écrie-t-elle
» douloureusement, avant d'avoir vu
» mon enfant ! — Vous ne mourrez
» point, madame, mais votre état de-
» mande des précautions ; il prescrit
» des mesures indispensables. » Il pro-
fite de ce moment d'alarme pour parler d'instrumens. Leur aspect produit

toujours une sorte de crise. Il est probable que celle-ci n'augmentera pas, et il ne veut pas la renouveler. Je le tire à l'écart à mon tour. Je l'interroge. « Vous êtes un homme, me dit-il. » Vous en déploierez, s'il le faut, le » caractère et l'énergie. Je ne dois » pas vous cacher que je ne réponds de » rien. »

Non, je ne suis plus homme; non, je n'ai ni caractère, ni énergie, quand je tremble pour elle; je ne suis plus qu'un faible enfant. Ma douleur éclate, je le sens, et je ne peux m'éloigner.

C'est elle, qui peut-être me sera ravie dans quelques instans, dont j'ai flétri, abrégé les beaux jours; c'est elle qui m'appelle, qui me console. Elle partage ses tendres soins entre sa mère et moi. Il semble que ce soit nous qui soyons menacés. Elle nous remercie du tendre intérêt que nous lui portons! Elle regrette de m'avoir tourmenté ! elle me demande pardon, à moi, l'unique cause de ses chagrins.

Les accoucheurs nous invitent à ménager la malade, à prévenir toute espèce d'émotion. Ils nous prient, pour la seconde fois, de passer dans la chambre voisine. Pourquoi exiger que nous sortions ? Ont-ils désespéré d'elle ? Ils ajoutent que le moment d'opérer est arrivé. Madame d'Élmont persiste à vouloir aider sa fille. Moi, je ne sais que souffrir.

Je m'éloigne de quelques pas ; je vois les apprêts effrayans..... « Adieu, bon » ami ; adieu, me dit Sophie. » Je revole à elle ; je la tiens embrassée, on emploie la force pour m'en détacher. Justine appelle George et Philippe. Ils m'entraînent à l'extrémité de la maison ; ils m'y gardent à vue, et là j'attends mon sort dans les plus douloureuses angoisses.

Je prête l'oreille ; je n'entends pas un cri...... Peut-être l'éloignement..... peut-être aussi son extrême faiblesse... « Va, George, va à la porte de sa cham-
» bre ; je te promets de ne pas m'é-
» chapper. Va, écoute, et reviens à
» chaque instant me rendre ce que tu
» tu auras entendu.... »

George ne revient pas. « Va, Phi-
» lippe, par pitié, tire-moi de l'incer-
» titude affreuse où je suis. — Si mon-
» sieur veut me promettre comme à
» George....... —Je promets, je tien-
» drai..... Va. »

Humanité cruelle et mal entendue ! Ils veulent ménager mes yeux ;
ils ne sentent pas qu'ils torturent mon cœur.

Je ne peux résister plus long-temps à ce que je souffre. J'oublie de vaines promesses ; je sors, je m'élance, j'arrive.... Je suis arrêté par madame d'El-

mont, fondant en larmes, et ne pouvant articuler un mot. « C'en est fait, » m'écriai-je ! » et je tombe privé de sentiment.

Je me retrouvai sur mon lit. Madame d'Elmont, assise près de moi, s'abandonnait à sa douleur.... Je veux la revoir encore ; je veux chercher la vie sur ses lèvres, l'animer de la mienne : mes gens se jettent devant moi. « Laissez-» le, dit madame d'Elmont ; qu'il la » voie ! qu'il lui adresse ses tendres et » vains regrets ! qu'il pleure, et qu'il se » soulage !

« — Il est donc vrai... c'en est donc » fait !... Et l'enfant ? le malheureux » enfant !.... Vous baissez les yeux ; » vous n'osez me répondre... J'ai tout » perdu. Je les ai tués l'un et l'autre.

» Cruels ! vous m'avez ravi son der-» nier adieu ; vous m'avez empêché de » recueillir son dernier soupir. Elle eût

» répété son pardon ; il eût, ce me sem-
» ble, modéré ma douleur.... Allons,
» marchons, contemplons notre ou-
» vrage... Qui m'arrête encore ? qui me
» tient la main ?... C'est George, bai-
» gné dans les pleurs.

» Hé ! que me font vos larmes à tous !
» Vous me plaignez, au lieu de me
» punir. Je vais me faire justice ; je vais
» voir ma victime. »

Quel spectacle, grand Dieu ! cette femme, naguère brillante d'attraits, n'offre plus que l'image hideuse de la destruction, du néant. Il ne reste rien d'elle. Je ne la reconnais plus. Cet organe si doux, si pénétrant, ne résonnera plus à mon oreille. Ce cœur brûlant ne répondra plus au mien. Tout est éteint, tout est mort. La tombe attend sa proie. Orgueil humain, venez vous abaisser ici.

Je m'approche d'elle dans un silence

religieux. Je détourne la vue de ce visage défiguré. Je cherche sa main. Cette main, toujours prête à donner le signal du plaisir, est roide et glacée!.... Son anneau! oh! il ne me quittera plus. Il devait être le gage de son bonheur : il fut celui de sa mort.....

Quel est ce bassin que couvre un voile? Que renferme-t-il?...... Dieu! grand Dieu! un enfant défiguré, presque en lambeaux!...... Mes cheveux se hérissent ; un mouvement de frayeur me fait tourner la tête ; et je retrouve sa malheureuse mère. La mort, partout la mort, toujours la mort!

Images affreuses, dont je ne peux me détacher! Sans mouvement au milieu d'elles, je les redoute et les contemple. Je m'en éloigne, j'y reviens. J'ai la force de toucher encore ce voile funèbre : l'effroi le fait retomber.

» Monsieur, il y a deux grandes heu-

» res que vous êtes ici. — George, j'y
» apprends à mourir. — Monsieur, n'a-
» joutez pas à ce que je souffre. Suivez-
» moi par pitié pour mes cheveux blancs,
» pour mes longs services. — M'en éloi-
» gner, c'est les perdre une seconde
» fois. Ma place est près d'eux ; je ne
» les quitterai plus. »

Mes transports se reproduisent avec une force nouvelle. Je saisis George ; je l'entraîne près du lit mortuaire : » Vois-tu cette femme ? elle est morte
» de l'excès de son amour. » Je le pousse vers le bassin, je relève le voile : » Vois-tu cet enfant ? Je l'ai tué dans
» le sein de sa mère ; et je ne trouve
» pas de larmes !..... Des larmes ! elles
» sont la consolation de l'infortune : le
» coupable n'en doit pas répandre..... »

Que s'est-il passé.... où suis-je ?.... Je reviens d'un long évanouissement. Je reconnais madame d'Elmont. Sa douleur me rappelle tout ce que j'ai perdu. Je me lève, je sors; ils me laissent aller. Oh! je prévois ce qu'ils ont fait! J'entre dans cette chambre..... Tout est enlevé, tout a disparu. Il n'y reste rien de ce qui fut à son usage.

» Où l'a-t-on déposée? Je veux le » savoir; je veux aller gémir sur sa » tombe.... Personne ne me répond.... » Je trouverai sans vous l'asile de la » mort. »

Je sors, je parcours le village..... Je cherche des tombeaux. J'aperçois un groupe d'enfans qui jouent sur les débris de l'espèce humaine!.... Je ferme les yeux, je pousse des cris.... « Ceux-» là vivent; ils sont la joie de leurs pa-» rens.... Le mien est mort!.... Éloi-» gnez ces enfans, éloignez-les.... »

Il n'est pas de forces humaines qui puissent résister à la violence, à la continuité de ces secousses. Je me sens défaillir une seconde fois.... Je cesse au moins de souffrir.

CHAPITRE VI.

Conclusion.

Où m'a-t-on transporté ? Je ne reconnais pas cette chambre, cet ameublement. Combien d'heures, de jours se sont écoulés ? Pourquoi suis-je environné de gens que je ne connais pas ?... Quel vide dans ma tête et dans mes idées ! Il me semble que je suis malade, bien malade : je me sens incapable d'aucun mouvement. Je veux parler ; je ne trouve point de voix. Je porte un œil affaibli sur tout ce qui m'entoure.....

Un vieillard affligé relève sa tête abattue. Il me fixe, il vient à moi. « Grand Dieu ! s'écrie-t-il, nous le » rendez-vous pour la seconde fois ! » Le son de sa voix ne m'est pas étran-

ger. Je regarde plus attentivement.....
C'est George, mon bon George. Je
veux lui tendre la main, je n'ai pas la
force de la soulever.

Quel est ce jeune homme qui s'élance vers moi? Il me presse dans ses
bras; son œil est humide; sa figure
pleine d'expression........ Me trompé-
je?....... Non, c'est bien lui; c'est Soulanges. Pourquoi est-il ici? Pourquoi
garde-t-il le silence? Je sors d'un songe
pénible et sans liaison, et on ne me dit
rien qui me rappelle le passé, qui m'éclaire sur le présent.

Une femme! une femme!...... Ah!
c'est Justine. Justine! où est Sophie?
Pourquoi n'est-elle pas près de moi......
Dieu! Dieu! il se reproduit ce passé
que j'étais trop heureux d'avoir oublié.
Je m'en retrace toute l'horreur.......
L'émotion est trop forte; je ne la soutiendrai pas...... Ah! des larmes!.....

J'en retrouve enfin. Je me sens soulagé.

Soulanges me parle enfin et ne raisonne pas. Il ne cherche pas à me consoler ; il s'afflige avec moi. Il me fait sentir le danger que j'ai couru, la nécessité de me modérer long-temps encore, et il ne m'entretient cependant que de mes peines. Il sait qu'il ne peut m'en distraire ; il a l'adresse de me les montrer dans l'éloignement ; il les fait, pour ainsi dire, rétrograder. C'est mettre entre elles et moi le voile salutaire de la distance et du temps.

Ainsi ces météores destructeurs, que l'œil distingue à peine, n'excitent que l'anxiété, lorsqu'ils terrifient ceux dont ils menacent la tête.

Je suis à Saint-Gaudens. J'y suis venu sans tenir de route suivie, fuyant les habitations, les enfans, les femmes qui se trouvaient sur mon passage, appelant, invoquant Sophie, mon fils, et la mort. George et Philippe me suivaient à une certaine distance. Ce sont eux qui m'ont relevé, privé de force et de sentiment, qui m'ont placé dans cette maison, qui y ont conduit madame d'Elmont; et tous ont veillé sur des jours que je ne désire pas prolonger.

Mon esprit a été aliéné; une fièvre brûlante a desséché mon sang; depuis deux mois je suis dans un état désespéré....... Eh! que m'importe la vie? Un signe avertit Soulanges que ce n'est pas de moi qu'il faut m'entretenir. Qu'il me parle de Sophie!

Au moment où ma maladie s'est developpée, madame d'Elmont a envoyé un exprès à Soulanges. Elle ne m'a quitté qu'après l'avoir établi près de moi. Elle est allée déposer dans la sépulture de ses ancêtres les restes embaumés de sa fille et de mon fils. Il n'y a plus rien d'eux dans les Pyrénées. Deux cents lieues nous séparent déjà ! Dans l'état où je suis, c'est un monde qu'on a mis entre nous.

Soulanges a le ton d'une profonde sensibilité, et cependant ses expressions douces et mesurées adoucissent ses tableaux. Il calmerait une douleur ordinaire..... Mais la mienne !

Justine me présente je ne sais quoi ; quelque médicament sans doute ! Et elle aussi elle devait être mère...... Elle l'est, je m'en aperçois en prenant le remède. Est-elle plus heureuse que moi ? N'a-t-elle point à pleurer sur cette innocente créature ?

On interprète mal mes signes. Justine sort et revient avec un enfant beau, plein de vie et de santé. Je détourne la tête avec un serrement de cœur affreux. « Otez cet enfant, ôtez-
» le...... que sa mère s'éloigne ! c'est
» une femme ; je ne veux plus en

» voir. » Voilà les premiers mots que je prononce. Ils sont arrachés par la violence de mes sensations.

Cet état d'exaspération ne pouvait durer. Nos douleurs sont proportionnées à nos forces physiques. Il faut des organes vigoureux pour sentir avec énergie. Les miens affaiblis, affaissés, ne sont susceptibles que de mélancolie ; mais celle-ci est profonde. Elle ronge, elle mine, elle tue peu à peu. Que lui reste-t-il à faire ? je suis déjà mourant.

Quel est cet homme ? Mon médecin. « Je trouve beaucoup de mieux, dit-» il. » Soulanges répond par un mouvement de tête. « Ah ! j'entends : la » mémoire est revenue avec la raison » et le jugement. » — Et il ne s'en sert » que pour nourrir sa douleur. — Il a » déjà trop du mal physique. Mon-» sieur, l'homme raisonnable sait don-» ner de justes bornes à tout. L'afflic-

» tion immodérée annonce absence de
» principes ou de caractère. » Il veut
éveiller mon amour-propre, l'opposer
à mon cœur : que m'importe ce qu'ils
pensent de moi ?

Soulanges et lui commencent une
conversation, qu'ils rendent sans doute
agréable et variée. Ils cherchent à me
distraire, à forcer mon attention : je ne
peux écouter.

Ils me rappellent cependant le roman astronomique de Soulanges. Il m'a
occupé une journée entière ; mais alors
je n'avais point de remords.

Je m'efforçai de me tourner de l'autre côté : je ne voulais ni voir ni entendre, et ils s'aperçurent bientôt
que l'esprit et l'érudition deviennent
fatigans quand ils sont déplacés. « Il
» ne peut vivre quatre jours dans cet
» état, dit le médecin, à voix basse. »
J'entends ce que j'ai intérêt à savoir.
Dans quatre jours donc tout sera fini.

Je croyais qu'il est plus difficile de mourir.

« Il faut le ramener à des sensations » douces, attachantes. » Présomptueux, quels sont donc vos moyens ? « Mon-
» sieur de Soulanges, il n'y a point à
» balancer : employons le grand re-
» mède. — Je ne crois pas qu'il soit
» temps encore. — Peut-être, dans
» deux jours, il sera trop tard. —
» Pourra-t-il supporter une pareille
» émotion ? — Je l'ignore ; mais de
» toutes les affections, celles de la joie
» sont les moins dangereuses, et nous
» sommes réduits à la nécessité d'op-
» ter. » De quel remède parlent-ils donc ?

L'enfant de Justine pleure. Il est dans la chambre voisine ! Pourquoi le mettre aussi près de moi ? Ce n'est pas cruauté, sans doute ; c'est une inexplicable imprévoyance : ils ont cependant vu quel effet a produit sur mo

cet enfant...... Je l'entends encore !
« Éloignez-le, éloignez-le donc. —
» Pourquoi l'éloigner, mon ami ? — Sa
» vie me fait mal. — Elle peut rappeler
» la vôtre. — Elle l'abrégera. — Mon
» ami, revoyez cet enfant. — Je con-
» sens à mourir ; mais par grâce, épar-
» gnez-moi quelques douleurs. — Vous
» ne m'entendez pas, et je crains de
» m'expliquer. — Parlez ; je puis tout
» entendre, hors les pleurs de cet en-
» fant. — Vous en avez perdu un ; mais
» vous en aviez deux. — Fanchette !
» Fanchette !...... »

La force des sels, de l'éther, me rouvrent les yeux. « Fanchette, dis-je » encore ; » et mes muscles, long-temps contractés, se distendent ; je sens que je souris. J'éprouve un calme bienfaisant, réparateur. Justine est là. Elle tient l'enfant ; elle me le présente. Mes bras s'élèvent vers lui ; je trouve de la force pour le prendre ; je le place à côté de moi. Ma joue touche à la sienne; de douces larmes s'échappent........ Oui, oui, ce remède est bon.

« Et sa mère, sa mère ! — Elle est à
» Paris. — Vous cherchez à abuser
» ma douleur. Pour la dernière fois,
» ôtez-moi cet enfant. S'il était le mien,
» Fanchette serait ici. Je l'élèverai, m'a-
» t-elle dit. Il ne passera pas aux mains
» d'une étrangère. Fanchette ne l'a pas
» repoussé au moment de sa naissance;
» elle ne lui a pas refusé son sein ; elle
» n'a pas voulu qu'une autre fût aussi
» sa mère. »

La porte s'ouvre.... c'est elle ! oui, c'est elle ; je la vois.... je me meurs.... je renais.

Je rapproche l'enfant ; j'attire à moi sa mère ; je les tiens embrassés tous les deux. Nos larmes se confondent. « Fan-
» chette, il y a quelques mois tu as sucé

» ma blessure ; aujourd'hui tu arraches
» de mon cœur le trait empoisonné : je
» te devrai deux fois la vie. »

Depuis huit jours elle est ici ; et elle
n'a pas osé m'approcher, se faire entendre ! elle s'éloignait pour donner un
libre cours à ses sanglots. Elle souffrait
comme moi ; elle s'éteignait avec moi.
« Cher enfant, depuis huit jours tu t'es
» abreuvé de larmes. Viens prendre le
» sein de ta mère rassurée et heureuse. »

L'innocent entend sa voix ; il lui tend
les mains ; il lui sourit. Elle s'assied près
de moi ; elle ouvre son corset. La bouche rosée de l'enfant s'applique à un
sein d'albâtre. Elle le regarde avec une
expression ! Son œil enchanteur se
tourne vers moi. Il semble me dire :
Vois comme je t'aime en lui !

Quel tableau ! quelles sensations il fait
naître ! Ah ! qu'elle soit là, toujours là !
Elle seule peut éloigner le souvenir déchi-
rant de la malheureuse Sophie. « Que je

« te voie toujours ! que je me partage
» entre toi et mon fils ! — Monsieur....
» — Fanchette, ne me nomme pas ainsi.
» — Mon ami, vous désiriez.... — Non,
» Fanchette, non, plus de *vous*. L'amour
» dit *toi*. — Et j'aurai tant de plaisir à
» le dire ! Mon ami, tu désirais un fils,
» mais.... — Hé bien ! j'embrasse ma
» fille. Pourquoi ce ton timide ? qu'im-
» porte qu'un nom obscur s'éteigne ? »
Et je les presse encore toutes deux dans
mes bras.

Soulanges, cher ami, que ne te dois-
je point ! tu t'es arraché pour moi aux
délices de la capitale. Frivole et sensible
à la fois, tu as consulté ton cœur ; tu y
as trouvé ce qui devait ranimer le mien,
le rattacher à la vie.

Le médecin fait un signe : l'excel-
lente fille obéit. « Fanchette, tu me
» quittes ? — Monsieur, vous sentez
» trop vivement. Je ne crois pas de-
» voir prolonger votre émotion. — Hé !

» monsieur, croyez-vous qu'elle me soit
» moins présente, pour n'être pas ici?
» Vous l'avez entendu, docteur, dit
» Soulanges. — Ah! mon ami, qu'il a
» bien fait! — Il ne nous reste mainte-
» nant qu'un parti à prendre : c'est de
» lui céder. — Je ne cède jamais.
» — Vous ne savez pas à quel homme
» nous avons affaire. — Il est indispen-
» sable qu'il prenne un peu de repos.
» — Hé! monsieur, jouir n'est-ce pas
» reposer? — Tout cela est fort bien,
» mais je suis inexorable. J'exige que
» madame se retire. — Fanchette, laisse-
» moi ma fille, et je serai sûr de te re-
» voir bientôt. »

Il a raison, le repos m'est nécessaire. Une potion calmante me le procure. Je m'endors d'un sommeil doux et paisible.

A mon réveil, je retrouve Fanchette, ma fille et mon ami. Le médecin me prend le pouls, et dans un accès de vivacité gasconne, il jette par la fenêtre potions et opiats. Voilà le seul remède que j'ordonne, dit-il, en désignant Fanchette ; mais il faut en user avec une extrême discrétion.

Je n'ai eu jusqu'ici que le temps de la voir; je n'ai pas eu celui de l'examiner. « Approche-toi, Fanchette ;
» viens, que j'achève de te reconnaître.
» Ah! c'est bien toi. Je retrouve tes
» charmes, ta gaieté, tes grâces, ton
» aimable abandon, ce tout inconce-
» vable dont tu ne connais pas la puis-
» sance, mais auquel il est impossible
» de résister. Fanchette, donne-moi
» ta main : je te vois mieux quand je te
» touche. — Mademoiselle, retirez votre
» main, et raisonnons. Vous m'avez
» prouvé à Paris l'utilité des précau-
» tions, et je n'en prendrai pas ici. Ob-
» servez seulement que l'ivresse des sens
» est mortelle dans l'état de faiblesse
» où se trouve Francheville. Rappelez-

» vous que vous êtes venue de Paris en
» poste ; que vous ne vous êtes pas
» arrêtée deux heures en route ; que
» vous avez passé ici huit jours dans le
» désespoir et les larmes ; qu'un sang à
» demi brûlé portera le ravage dans les
» veines de votre Honorine ; qu'il est
» urgent de rendre au vôtre une fraî-
» cheur salutaire.

» Il a raison, Fanchette ; nous n'a-
» vons plus le droit de vivre pour nous :
» tout pour Honorine ! »

Ils vont souper ici, près de moi. Je la verrai une grande heure encore, et elle me laissera, en sortant, l'espoir du lendemain.

Quoi, déjà ! les heures sont quelquefois si longues ! qu'elles sont courtes aujourd'hui ! elle va me quitter ; elle me présente ma fille. Derrière la figure de l'enfant j'ai rencontré la sienne.... Soulanges ne m'a vu prendre qu'un baiser.

Justine est maintenant au service de Fanchette ; c'est mon bon George qu'on établit près de moi. Être heureux, qui ne se doute pas de son bonheur ! Le long cours de sa vie est un jour sans nuages. Peu de jouissances sans doute ; mais les gens passionnés les achètent si cher !

Il est causeur, quand cela me convient. Il m'apprend bien des détails que j'ignorais, et tous prouvent le dévouement absolu de Soulanges, l'amour inépuisable de Fanchette.

Elle a pleuré Sophie. « Elle aimait
» monsieur de Francheville, a-t-elle
» dit ; je pleure sur elle et sur lui. George,
» parle-moi encore de Fanchette ; ré-
» pète-moi souvent son nom....... Ce
» n'est pas cela, George, tu m'endors...
» — Alors, monsieur, je suis le conteur
» qu'il vous faut. »

Elle a devancé l'aurore ; elle paraît avec elle. Mais l'infatigable Soulanges est là. Les surveillans rendent les caresses plus rares, mais plus douces. Un baiser pris à la dérobée en vaut vingt.

Le médecin est enchanté de mon état. Il ne se doute point que nous nous sommes un peu écartés de l'ordonnance. Voilà ces messieurs! ils prescrivent la diète, on mange et on guérit.

Je roule dans ma tête un projet bien simple, bien naturel, que le monde désapprouvera, et que le lecteur devine aisément. Celle qui, sans naissance, sans fortune, sans état, sans considération, a balancé constamment dans mon cœur celle qui avait tout ce qui éblouit, attache et fixe les hommes, n'est-elle pas l'objet que j'ai toujours préféré ? Celle qui n'a jamais prétendu à rien ; que l'amour désintéressé a constamment conduite ; qui, à l'issue de mon combat, a exposé sa vie pour me conserver à sa rivale ; qui a ménagé sa fierté ; qui a ployé sous elle ; qui m'a vu sans murmurer passer dans ses bras ; qui a donné des larmes à sa mort prématurée ; qui au premier mot de Soulanges est revenue à moi ; que le destin semble avoir conservée pour la consolation, le bonheur du reste de ma vie ; celle-là, dis-je, n'a-t-elle pas des titres, des droits incontestables, sacrés ? Que leur opposera l'opinion ? des préjugés. Je leur oppose, moi, l'équité et l'amour.

« Mes amis, écoutez-moi : l'homme
» prêt à finir se détache du monde et
» de ses illusions. Il voit les choses sous
» leurs véritables rapports ; il les juge
» avec impartialité. Pourquoi ceux que
» doit rassembler un jour la poussière des
» tombeaux, établissaient-ils entre eux
» des distinctions ridicules ? Pourquoi
» ceux qui se jugent, qui s'apprécient,
» qui éprouvent un attrait qui les attire
» constamment l'un vers l'autre, ne
» franchiraient-ils pas les barrières que

» des conventions bizarres leur oppo-
» sent ? Fanchette, ma séduisante, ma
» digne amie, toi qui m'as consacré tout
» ton être, et à qui j'appartiens désor-
» mais sans retour, te laisserai-je en
» butte à l'humiliation qui poursuit une
» fille sensible et faible ? en serai-je
» moins Francheville quand tu seras
» mon épouse ? je ne serai pas descendu
» aux yeux scrutateurs du monde; je
» t'aurai élevée jusqu'à moi. Fanchette,
» tu veux répondre ; je te pénètre. Point
» de mots, des choses. Parle, j'écoute.

» — Mon ami, ta proposition ne m'é-
» tonne point; tu devais me la faire ;
» je l'attendais. Mais il doit me suffire
» d'en avoir été jugée digne. — Fan-
» chette, que vas-tu dire ? — Aussi
» tendre, aussi délicate que toi, je n'a-
» vilirai point l'homme que j'adore. —
» M'avilir ! ah ! Fanchette, quelle opi-
» nion as-tu donc de toi ? — Mon ami,
» ces conventions, que tu appelles des

» préjugés, sont respectables : c'est sur
» elles que repose l'ordre social. Il in-
» dique des places, il marque des dis-
» tances. Cent mille individus qui vou-
» draient tout rapprocher à la fois, dé-
» truiraient tout. Destiné par ta nais-
» sance, par tes talens, à remplir les
» grandes places; appelé à être un des
» conservateurs de cet ordre que tu
» veux intervertir aujourd'hui, que ré-
» pondrais-tu à ceux qui seraient tentés
» de t'imiter, et qui, forts de ton exem-
» ple, te diraient : Celle que vous avez
» honorée du nom de votre épouse est
» aussi une fille de néant ? — Ce que
» je leur répondrais ! elle m'a sauvé
» deux fois la vie, et elle n'a que des
» vertus. Tu n'as point d'ancêtres? Vé-
» nus n'en avait pas; en fut-elle moins
» la reine des Amours ?

» — Mon ami, je ne dépends que de
» moi ; je n'ai point d'entours ; le blâme
» ne peut m'atteindre. Je vivrai avec

» toi et pour toi. Fière d'avoir refusé
» le plus précieux des titres, je le serai
» encore d'être ta maîtresse.—Hé bien !
» Fanchette, as-tu fini ? n'as-tu plus
» rien à m'opposer ? Je laisse tes objec-
» tions, et je lève tous les obstacles. Je
» réalise ma fortune ; je t'épouse ; je
» passe avec toi dans l'Amérique sep-
» tentrionale. On ne demande point là
» quels étaient les aïeux d'une femme
» charmante qui fait les délices de la
» société, parce qu'elle n'en a pas be-
» soin.—Non, mon ami, je ne t'enlè-
» verai point à ta patrie ; elle réclame
» tes services ; tu les lui offriras. Tes
» loisirs appartiendront à Fanchette ;
» son amour attentif les embellira.

» — Soulanges, vous êtes désinté-
» ressé, équitable. Prononcez entre
» nous.

» — Vous avez fait tous deux votre
» devoir. Je n'établirai pas à quel point
» vos motifs sont admissibles ou faibles.

» Une discussion est inutile avec des
» personnes qui tiennent aux principes
» et qui ont du jugement. Mademoi-
» selle, les années passent rapidement;
» ce charme qui se répand jusque sur
» votre faiblesse s'évanouira enfin. Que
» ferez-vous de votre vieillesse, quand la
» société que vous aurez cessé d'éblouir
» vous délaissera? Vous avez un enfant :
» que lui répondrez-vous, s'il vous re-
» proche un jour de l'avoir volontaire-
» ment privé de son état et du nom de
» son père? Honorine est un lien qui
» vous unit déjà : elle sera votre excuse
» aux yeux du monde, quand vous en
» aurez contracté un plus fort.

» Il prend l'enfant; il me le remet:
» Mademoiselle, le père et la fille sont
» également à vous; vous ne les sépa-
» rerez pas.

» Crois-tu, me dit-elle, qu'il ne m'ait
» pas coûté de te combattre? n'as-tu pas
» jugé que j'ai été soutenue par l'orgueil

» flatteur de tout te sacrifier? ne sens-tu
» pas avec quel sentiment délicieux je
» prendrais ton nom et ton rang, j'a-
» vouerais publiquement mon amour;
» avec quel empressement, quelle
» active constance je m'efforcerais de
» justifier une élévation qui blesse les
» convenances? souviens-t'en, mon ami:
» t'adorer, te trouver un moment, te
» posséder, avec la certitude de te per-
» dre un moment après, étaient pour
» moi le bien suprême. Quel nom don-
» ner à la destinée qui m'attend! Mais,
» Francheville, cette inexprimable féli-
» cité durera-t-elle? Si le temps ame-
» nait la froideur, le dégoût; si tu réflé-
» chissais à des espérances fondées et
» perdues sans retour; si un mot, un
» seul mot, annonçait des regrets! ah!
» Francheville, que deviendrais-je? ta
» chaîne est légère aujourd'hui: quel
» fardeau pour moi que celle que tu
» t'efforcerais de rompre, et que tu me

» reprocherais de t'avoir donnée ! —
» Arrête, Fanchette, arrête. Ne prévois
» pas un avenir qui n'existera jamais.
» As-tu remarqué dans ma conduite,
» dans mes procédés, dans mes discours,
» dans les choses même les plus indif-
» férentes, rien qui annonçât l'ingrati-
» tude ou la dureté? L'amour peut s'é-
» teindre sans doute dans le cœur d'un
» galant homme ; mais combien de dé-
» dommagemens n'a-t-il pas alors à
» offrir ! L'estime, l'amitié, la confiance
» ne suffisent-elles pas aux glaces de la
» vieillesse ? Mais pourquoi rayonnante
» encore de jeunesse et d'attraits, fran-
» chis-tu une suite d'années qui appar-
» tiennent aux amours et aux plaisirs !
» Employons-en le cours ; tâchons de le
» prolonger, et lorsqu'enfin la volupté
» aura fui loin de nous, nous en parle-
» rons, pour en reparler encore ; nous
» en retrouverons les traces dans le
» bonheur de nos enfans. »

Un baiser, mille baisers sont sa réponse. Il est convenu que nous serons unis quand les bienséances le permettront, et qu'en attendant....

« Combien de jours faudra-t-il encore attendre ? — Autant que l'ordonnera le médecin. — Ah! Fanchette, il a interdit les baisers, et tu vois quel bien ils me font ! — Plus bas, mon ami. Monsieur de Soulanges nous écoute, et tu n'as pas oublié les portes fermées à double tour, les clefs sous le traversin.... — En vérité, mademoiselle, vous n'êtes pas plus raisonnable que lui. — Hé! monsieur, ma pauvre tête, mon cœur sont dans l'ivresse : sais-je ce que je fais, ce que je dis ? »

Je me porte bien, fort bien. Je me lève, je marche.... les jambes un peu faibles cependant. Ah! cela m'autorise à prendre le bras de Fanchette ; nous faisons quelques tours de chambre, et quand le régulateur Soulanges a le dos tourné....

Justine l'appelle ; il la suit ; elle ferme la porte ; j'ouvre mes bras ; Fanchette s'y précipite. Délices toujours nouvelles, vous allez donc renaître ! « Mon » ami, sois prudent. Songe que le cher » enfant n'a pas quatre mois encore... »

Ai-je été prudent ? je l'ignore ; mais je sais que j'ai été heureux, parfaitement heureux, et je consentais à mourir ! je n'étais pas dégoûté de la vie ; mais je ne croyais plus au bonheur. Je l'ai retrouvé, tel qu'il se présenta à moi à l'auberge de Chantilly, au château d'Ermeuil, dans la grotte d'Eustache, dans le petit lit de la rue Saint-Antoine ; et jamais, je le sens, je l'avoue, je n'en ai goûté d'aussi pur, d'aussi vif. Ah! Fanchette, c'est toi que j'ai aimée, que j'aime, que j'aimerai par-dessus tout.

« Parbleu, Justine, c'était bien la » peine de me déranger pour une sem-

» blable vétille ! il est arrivé un malheur,
» disiez-vous d'un air affecté, et il s'agit
» d'un lapin qui s'est cassé la patte ! »

Elle est toujours fine, toujours obligeante, cette Justine ! je la remercie par un coup d'œil imperceptible. Soulanges me logerait à un bout de la ville, Fanchette à l'autre ; il ferait griller les portes et les fenêtres, Justine trouverait les moyens de nous réunir.

Il est convenu que dans huit jours nous rendrons Soulanges à Paris et aux plaisirs. Nous voyagerons pendant le reste de l'année, et nous rentrerons dans la capitale sur les ailes de l'Hymen et de l'Amour.

Le médecin a cessé de me voir, Soulanges de me surveiller. Nous sommes libres, parfaitement libres. Les jours, les nuits se succèdent, se ressemblent, et paraissent toujours nouveaux.

Tout est prêt ; nous partons demain ; nous quittons les Pyrénées. Ce départ réveille de tristes et attachantes idées. Elles m'agitent, elles me tourmentent. « Mon ami, pourquoi me » dissimuler quelque chose ? Je n'ai » pas mis d'obstacle à tes transports ; » t'interdirai-je un souvenir ? Viens, » viens avec moi donner une dernière » larme à la jeunesse et au malheur. »

Nous sortons ; nous observons en route un silence religieux ; nous entrons dans le dernier asile. Sous des arbres antiques s'élève un monument à la fois noble et simple. Elle dirige mes pas de ce côté. Je m'approche, je lis.... Je croyais aller à ma ferme, y visiter cette chambre où s'est passée la dernière scène. Je la croyais transportée à Paris.... On a bien fait de me le dire.

C'est donc ici qu'elle repose. Cette terre, que je presse de mes genoux, doit couvrir tour à tour les objets de notre vénération et de notre culte.

Qu'en reste-t-il, quand vingt générations sont enfouies après eux ?.... quelques livres... qu'on ne lit plus.

Cette réflexion amène un profond soupir. Je regarde Fanchette; ses yeux sont fixés sur moi. Chacun de nous semble dire de l'autre : ce sera là aussi sa destinée...... Éloignons ces sombres idées; échappons au néant; rentrons dans le séjour de la vie.

« Dis-moi, Fanchette, qui s'est oc-
» cupé de couvrir décemment les restes
» de Sophie ?...... Tu rougis ! c'est ré-
» pondre. » Je l'embrassai avec l'expression de la plus vive reconnaissance.

« Mon ami, il te reste à consommer
» un acte de justice. La mère est
» morte avant sa délivrance. L'enfant,
» mutilé, a donné cependant quelques
» légers signes de vie. La loi t'autorise,
» dit-on, à dépouiller madame d'El-
» mont... » ---Fanchette, j'ignorais que

» j'eusse un devoir à remplir : je te re-
» mercie de me l'avoir indiqué. »

A notre retour à Saint-Gaudens, je signe, et j'expédie une renonciation formelle à tous mes droits sur les biens de feu madame de Francheville. Quelle femme que celle qui m'estime assez pour ne jamais douter de moi, et qui n'oublie rien de ce qui peut flatter ma sensibilité, et ajouter à ma réputation !

Nous ne pensons plus qu'à nous éloigner de ces lieux si tristes et si chers à la fois, où j'ai tout perdu, tout retrouvé. Nous avons une voiture spacieuse, où nous prendrons Justine avec nous. Elle se chargera quelquefois d'Honorine : Fanchette ne se doit pas toute entière à l'amour maternel.

Je donne à mon bon George une carriole commode. Philippe, armé d'une carabine toute neuve, nous servira d'escorte.

Nous sommes en route, et je m'aperçois bientôt que Justine est de trop. Elle a un œil perçant, qui intercepte la pensée, et qui quelquefois fait rougir Fanchette. Allons au premier gîte je changerai ces arrangemens là. Je mettrai Justine avec George. Mais Honorine? Hé bien! je la tiendrai à mon tour: je suis son père pour quelque chose, et je ne dois pas avoir les bénéfices sans les charges.

» Mon ami, dînera-t-on bientôt, me » dit Fanchette? » Il n'y a pas deux heures que nous avons déjeuné. Je n'ai pas plus d'appétit qu'elle; mais, comme elle, j'ai besoin de parler amour, et l'orateur éloquent aime à joindre l'expression du geste au charme de la parole.

Nous arrêtons, nous descendons, nous remontons, nous descendons encore. Il est sept heures du soir, et nous avons fait cinq lieues! N'importe! nous voilà dans une auberge, assez médiocre à la vérité; mais que nous faut-il! un lit. Cela se trouve partout, et le meilleur n'est pas le plus doux, disent les connaisseurs.

Justine vient nous éveiller. « Madame, si vous voulez faire six lieues aujourd'hui, il est temps que vous montiez en voiture. » Je vous l'ai dit : rien ne lui échappe. Nous nous habillons; nous nous embrassons, comme si nous allions nous séparer.... N'est-ce pas l'être qu'être trois ?

» Justine, n'avez-vous rien oublié ?
» — De ce qui peut vous faire plaisir ?
» Je ne le crois pas, madame...... Ah ! ah ! la barcelonnette, attachée hier sur l'impériale, est aujourd'hui suspendue dans l'intérieur de la voiture. « Madame, j'ai remarqué qu'Honorine vous échauffait, et que mes genoux vous gênaient quelquefois. L'enfant sera plus fraîchement dans sa barcelon-

» nette ; et, constamment bercé, sa
» petite voix perçante ne vous empê-
» chera plus de causer. »

Elle n'attend pas de réponse. Elle va, en sautant, se placer à côté de George, qu'elle se promet, dit-elle, de lutiner pendant toute la route. La singulière et précieuse femme ! Que dis-je ? n'a-t-elle pas développé la même adresse, n'a-t-elle pas eu les mêmes prévenances pour l'infortunée !... Justine ressemble un peu à ces courtisans, amis des grâces et non du prince.

« A propos, qu'est devenu son en-
» fant ? — Il est en nourrice dans les
» montagnes. — Mettre son enfant en
» nourrice ! — C'est un malheur attaché
» à sa condition. — Et que partagent
» volontairement bien des femmes qui
» n'ont rien à faire.

» Oh ! aujourd'hui, nous avançons :
» nous ferons au moins quinze lieues.
» — Mon ami, tu t'en aperçois ! — Je

» n'ai cependant pas compté les relais.
» — Ce n'est pas là non plus ce que je
» compte. » Et son petit compte à part,
» elle lui donne un air si vif, si piquant
» et si voluptueux !

» Mais, mon ami, nous allons, nous
» allons.... Où allons-nous ? — Je
» n'en sais rien. — Si tu voulais aller
» quelque part ?... — Quelque part ?
« nous y arriverons sans doute. — Et
» sans nous en apercevoir. — Nous
» sommes ensemble. — L'univers est
» dans cette voiture. — Laissons-la
» rouler.

» — Mais Honorine ? — Elle dort. —
» Elle prendra l'habitude d'être ber-
» cée. — L'habitude est déjà prise. —
» Elle ne te laissera plus dormir. —
» Nous y gagnerons tous les deux. —
» Nous ne pouvons pas cependant l'é-
» lever dans une berline. — Ce n'est
» pas mon intention. — Il faudra s'ar-
» rêter enfin. — Aussitôt que tu le vou-

» dras. — Monsieur, je le veux tout
» de suite. — Philippe, faites arrêter
» au premier village.

» Nous pouvions voir Pau, Bor-
» deaux, Nantes. — Mon ami, je ne
» veux voir que toi. — Tu manqueras
» de bien des choses dans un village.
» — Un air pur pour Honorine, Fran-
» cheville pour moi... — Et Fanchette
» pour Francheville, voilà tout ce qu'il
» nous faut. »

Ce village convient en effet à des amans qui veulent vivre pour eux. Là-bas, j'avais une maison : ici, il n'y a que des chaumières. Justine nous demande si nous voulons nous faire ermites ? Je lui demande si la retraite lui fait peur ? « Oh ! monsieur, on trouve
» un homme partout. — Et pour n'a-
» voir pas à le chercher, on le mène
» avec soi. » J'ai remarqué que monsieur Philippe.... Fanchette me marche sur le pied.

4

Il est reconnu que tout manque ici. « Que voulons-nous, dit en riant ma » charmante Fanchette ? passer quel- » ques mois. Qu'importe que ce soit » ici ou ailleurs ? Point de distractions » extérieures, point de superfluités au » dedans. Tant mieux, mon ami. Ces » prétendus avantages ne tournent ja- » mais au profit de l'amour.

» Madame, dit Justine, qui écou- » tait en enveloppant le cher enfant, » voulez-vous me permettre de vous » conter une historiette ? — Contez, » Justine. — J'avais quinze ans ; j'étais » jolie, un officier de dragons me le » dit ; je le crus. Il me dit que jolie » fille de quinze ans doit aimer ; je le » crus encore. Il me dit que, quand on » s'aime, il faut toujours être ensem- » ble ; cela me parut naturel. Il me » proposa son bras ; je le pris. Quand » nous fûmes au Pont-Royal, il me pro- » posa une voiture ; j'y montai. Il me

» conduisit dans un village qui ressem-
» ble assez à celui-ci. Il loua une mai-
» son, où, comme dans celle-ci, il n'y
» avait point de superfluités ; et, quand
» on n'a qu'un lit, il faut bien coucher
» deux.

» Nous nous aimâmes passionné-
» ment ; c'est l'usage. Au bout d'un
» mois je me rappelai que la société a
» son petit mérite. A la fin du second,
» nous bâillions en nous regardant.
» Mon officier disparut à la fin du troi-
» sième, et..... — Francheville, par-
» tons pour Bordeaux. »

Le déménagement est fait en cinq minutes ; nous repartons. « Il me sem-
» ble, dit Fanchette, que l'amour est
» éternel. — Oui, celui que tu inspires.
» — Il se pourrait cependant qu'il eût
» besoin de repos. — Quelques inter-
» valles, adroitement ménagés..... —
» Font qu'on se retrouve avec un plai-
» sir nouveau. »

Nous essayâmes de la recette bien avant d'en avoir besoin ; et ici le remède doit précéder la maladie : l'amour s'envole dès que l'ennui paraît.

Avec quelle aimable vivacité, quelles grâces touchantes, quelle inépuisable douceur, quelle richesse d'imagination elle sait être toujours nouvelle ! Certaine de faire naître la sensation qui convient au moment, à la circonstance, elle fait succéder avec rapidité un enchantement à celui qu'elle vient de produire. Elle a une cour à Bordeaux. Les femmes lui pardonnent d'être jolie ; les hommes en raffolent ; elle plaît à tout le monde ; elle n'aime que moi.

« Comment as-tu fait, Fanchette,
» pour réunir en toi seule ce qui ferait
» dix femmes aimables. — J'ai médité
» la leçon de Justine. — Mais cette
» facilité d'expressions, cette finesse de
» pensées ?... — Seule à Paris, et tou-

» jours m'occupant de toi, j'ai appris
» ta langue. J'ai voulu pouvoir t'enten-
» dre et te répondre, si je te retrouvais
» un jour. — Madame il n'est pas pos-
» sible de mieux tourner un compli-
» ment. — Monsieur, est-il possible de
« vous en faire ? — De mieux en mieux.
» — N'en soyez pas surpris; c'est vous
» qui m'inspirez. »

Le temps fixé s'écoula au sein de la folie et de la volupté. Le jour où tant de qualités et de charmes devraient être couronnés, parut pour le bonheur de tous deux. Je ne laissais derrière moi personne à qui il dût coûter des larmes : triomphant et radieux, je conduisis ma Fanchette à l'autel.

J'avais pris cent précautions pour dérober la cérémonie à la connaissance des curieux, et cependant notre mariage devint en deux heures la nouvelle du jour. Les opinions se partagèrent. Une prude se permit de dire qu'on ne pouvait plus voir cette femme-là. Une jolie dame lui répondit qu'elle aurait eu raison la veille, mais qu'elle avait tort le lendemain.

Il y a un moyen de faire reculer les demi-braves ; c'est de les mettre au grand feu. J'annonçai moi-même mon mariage ; je l'annonçai avec la publicité et les formes d'usage, et les chuchoteurs vinrent nous féliciter. Fanchette les reçut avec cette douce modestie, qui ne désarme pas la malignité, mais qui la réduit au silence.

Une fête brillante, donnée à propos, est encore un moyen certain de conciliation. De quoi se compose la grande société? de gens désœuvrés. Mettez-les à table, au jeu; faites-les danser, faites-leur oublier le temps, dont ils ne savent que faire, et ils seront de votre avis, parce qu'ils sentent qu'il faut payer d'une manière quelconque ce qu'on appelle du plaisir.

Je donnai une fête. Je la donnai telle qu'on en parlait encore trois jours après, et que nous emportâmes les regrets des Bordelais. Ils étaient sincères....... comme toutes ces protestations d'usage, auxquelles personne ne croit, et qu'on a pourtant la faiblesse d'écouter.

Nous touchons à l'instant critique : nous allons arriver à Paris : comment y sera-t-elle vue? On n'est pas plus fin à Paris qu'à Bordeaux; on n'y est pas plus méchant; mais on y connaît certaines particularités ignorées en Gascogne. Cette petite Fanchette ne s'est pas tenue derrière un rideau à Chantilly, au château d'Ermeuil, dans la rue St.-Antoine. On pardonne difficilement une élévation rapide, et la mériter est souvent le premier des torts.

Notre ami Soulanges n'oublie rien de ce qui m'est utile ou agréable. Il a bravement jeté le gant; il a payé d'audace. Il a dit ce qui pouvait intéresser, ce qui pouvait déplaire. Le fleuve altier qui roule ses flots en grondant est bien faible à sa source; mais, quand la source est pure, pourquoi la dédaigner?

C'est ce soir qu'elle fait son entrée dans le monde. J'avoue que cette idée me cause une forte émotion. Il y a grand cercle chez madame de Soulanges. Amis et autres y sont invités. Cette soirée fixera le degré de considération, marquera la place auxquels elle peut prétendre. Pauvre petite!

Elle se met très-simplement; elle a raison : elle n'a point besoin de parure, et elle ne veut pas étaler un luxe qui donnerait lieu à de malignes réflexions.

On nous annonce........ le cœur me bat..... Oh, il me bat! Elle est timide, mais calme : le danger qui nous menace nous effraie moins que celui auquel est exposé l'objet de nos plus chères affections.

Je lui donne la main, nous entrons. Madame de Soulanges vient au-devant de nous, l'embrasse, la fait asseoir auprès d'elle. Je l'aurais volontiers remerciée tout haut.

Tous les yeux se portent sur elle, et je n'y vois encore que l'impression que produisent ses charmes, et la prévention favorable que donne son maintien décent et facile.

Madame d'Elmont ! Je n'ai pas osé me présenter chez elle, et je ne croyais pas la trouver ici. Sa présence me cause un embarras qui ne lui échappe point. Elle fait les premiers pas, elle s'approche, elle m'embrasse, et me dit de manière à être entendue : « Présentez-
» moi à madame de Francheville, je lui
» ai de grandes obligations, et je veux
» l'assurer de ma reconnaissance. » Je ne sais ce que cela veut dire. « J'ai su

« de monsieur de Soulanges, conti-
» nue-t-elle, que je lui dois soixante
» mille livres de rente, que vous pou-
» viez garder, et que vous m'avez ren-
» dues. » Ces paroles me font un bien !
Fanchette rougit, baisse les yeux ; mais
je remarque dans toute sa personne
l'agitation du plaisir. Sa satisfaction
perce malgré elle. Les premiers mots
dont elle est l'objet sont un éloge ; il
est prononcé par une bouche dont la
véracité ne peut être suspecte : il lui est
permis de céder à un petit mouvement
d'orgueil.

Il est convenu qu'elle est charmante,
et qu'elle a un cœur excellent. Mais
a-t-elle de l'esprit ? Oh ! non, on ne
peut tout avoir. Mettons le côté faible
à découvert : voilà à peu près ce que
signifie l'empressement de certains individus qui s'approchent pour entendre
une conversation suivie entre mesdames de Soulanges, d'Elmont et elle.

« Comment donc, dit à demi-voix une
» petite laide, elle parle aussi bien que
» moi ! Et elle pense mieux, répond
» Soulanges, car elle n'humilie per-
» sonne. »

On rit assez généralement de la ré-
plique ; la petite laideron s'éloigne, va
bouder dans un coin, et sort un instant après. Une fille laide est à plaindre ;
elle est délaissée ; elle a de l'humeur,
elle l'exhale ; elle a des ridicules, et pas
un cœur de plus. Si elle est riche cependant...... On épouse sa dot.

Un homme du plus haut rang va se
placer auprès d'elle ; il l'examine ; il lui
parle ; il attend sa réponse, et toutes
lui font un extrême plaisir. Il prolonge
l'entretien. Je suis là, je ne dis pas un
mot, j'écoute, je retiens mon haleine ;
je souris au trait heureux.

La voilà donc entre une femme très-
aimable, une autre généralement esti-
mée, et un grand de l'état, qui sem-

blent s'accorder pour la faire valoir ! Oh ! maintenant, il n'y a plus d'incertitude : sa place est marquée dans le monde, et elle est honorable.

Je suis d'une gaieté folle. Je la porte dans tous les coins du salon. Je la répands autour de moi ; elle amène la cordialité, la franchise.

Le prince lui-même se dépouille de l'extérieur imposant de la grandeur. Il me prend la main, me la presse, et me dit très-haut : « Monsieur de Francheville, vous avez fait un excellent mariage. »

Oh! alors il n'y eut plus de bornes aux égards, aux prévenances dont elle devint l'objet. Elle tournait souvent ses yeux sur moi; ils semblaient me dire : le monde t'approuve, je n'ai plus de vœux à former.

Qui reconnaîtrait dans cette jeune dame, recherchée, caressée, flattée, cette petite Fanchette du grenier.......

Dès lors il ne lui manquait qu'un théâtre; elle l'a trouvé.

Que de gens de mérite ignorés, parce qu'ils n'ont pu percer jusqu'à leur place !

Mais aussi que de gens tombés pour être montés trop haut.

Quel fut mon étonnement deux jours après, lorsque je reçus la nouvelle de ma nomination à la place de préfet d'un de nos plus riches départemens ! Je me rappelai le grand personnage que j'avais vu chez Soulanges. « Ah ! dis-je à Fanchette, je te devrai
» donc tout, bonheur et considération !
» — Tu ne me dois rien, mon ami, ton
» bonheur est le mien ; la considération
» rejaillira sur moi. — Mais comment,
» en aussi peu de temps, as-tu....
» — Mon ami, il faut, je crois, profiter
» de la première impression : plus elle
» est forte, et moins elle est durable.
» J'ai demandé avant-hier ; je n'ai rien

» désigné ; mais sur ma parole on t'a
» cru fait pour les premiers emplois :
» peut-être, dans un an, aurais-je de la
» peine à faire de toi un maire de vil-
« lage.

» Nous partirons quand tu le vou-
» dras. Arrivés à ta résidence, nous
» continuerons à pratiquer la recette
» de Justine ; mais tu utiliseras les re-
» pos de l'amour. Tu serviras ton pays ;
» tu feras du bien aux hommes, qui
» peut-être ne t'aimeront pas davan-
» tage ; mais tu auras pour toi ta cons-
» cience et Fanchette. Elle sera là, tou-
» jours là. De ton cabinet tu passeras
» chez elle, et elle te fera oublier la
» fatigue du travail. »

. . . .
. . . .

« Ah ! çà, monsieur le lecteur, ou
» madame la lectrice, n'êtes-vous pas
» aussi las de lire, que moi de conter ?

» —Oh ! nous voulons savoir ce que
» fera monsieur le préfet, ce qui lui
» arrivera ; si Fanchette est toujours
» bonne et jolie ; si son mari en raffole
» toujours ; si Honorine...... — Oui ?
» hé bien ! madame ou monsieur, par-
» tez : allez-vous-en à la préfecture.
» Voyez, interrogez. Moi, je ne me
» mêle plus des affaires de ces gens-là,
» et je vous souhaite le bonsoir. »

FIN DU QUATRIÈME ET DERNIER VOLUME.

TABLE

DES

CHAPITRES.

CHAPITRE PREMIER. *Je la retrouve.* Page 1

CHAPITRE II. *Les Visites.* 33

CHAPITRE III. *Suites naturelles de ce qu'on a vu.* 68

CHAPITRE IV. *Le Mariage.* 140

CHAPITRE V. *Les Pyrénées.* 179

CHAPITRE VI. *Conclusion.* 213

FIN DE LA TABLE DES CHAPITRES.

www.ingramcontent.com/pod-product-compliance
Lightning Source LLC
Chambersburg PA
CBHW062234180426
43200CB00035B/1751